フランス人記者、日本の学校に驚く

西村カリン

大和書房

これは

「フランスの教育がすごい」

という類の本では

ありません。

はじめに

夕食の後片づけを終えた午後9時、わたしはその用紙をじっとみつめ、手に持ったペンを動かせずにいた。その用紙とは、日本の公立小学校に通う息子がもらってきた「学校評価アンケート」。一向に書き込めずにいるのは、日本語が読めないからじゃない。書かれていることは理解できる。ただ、書かれている意図と目的が理解できないのだ。

そのアンケートにはこんな質問がある。

「自分の子どもに社会や学校のルール・マナーに従うことを教えていますか?」

これに対して、4つの回答があらかじめ用意されている。

「とてもそう思う」

「そう思う」

「あまり思わない」

「まったく思わない」

もしそこに具体的なルールやマナーの事例が書かれていたら、内容に応じてそれに従うことの大切さを教えるかもしれない。でも、なかにはまったく無意味なルールもある。その場合、そのルールに従えと子どもに教えることは、むしろ悪影響だ。どんなルールか、どんなマナーかが重要なのであり、それに無条件に従うことがよいとは決して思わない。だから、この質問に対して、選択肢で答えるのではなく、自分の思うことを文章で書きたいのだ。

ところが、そのような解答欄は見当たらない。この質問に対して「あまり思わない」「まったく思わない」に○をつける保護者はどのくらいいるだろうか。学校が期待する答えを察して、「そう思う」に○をつける人もいるのではないか。

さらに、このアンケート結果がどのように使われるのかにも疑問がある。公的な調査のデータとして記録に残り、それを無責任なマスコミが「調査によると、8割の親がルールやマナーに従うことがよいと考えています」などと報道するかもしれない。

つくづく無意味な調査だと思う。ただでさえ学校の先生の仕事量は多いのに、そこにかける労働時間はムダだし、回答用紙のプリントも資源のムダ。

そんなことを考えていると、「お母さん、文句言わずに早く書いてください」と、息子が隣で急かしてくるのだった。

日本の学校とフランスの学校の「いいとこどり」を

さて、みなさん、こんにちは。わたしの名前はカリン。フランス・ブルゴーニュ地方出身の、音楽とラジオを聴くことと議論が大好きな女性である。

東京で暮らして20年以上になる。なぜわたしはここにいて、こうして本を書いているのか、その経緯を少し。

1997年、休暇で訪れた日本にわたしは恋をした。パリに戻ってからも、日本のことしか考えられなくなった。すぐにでも日本に戻りたい――。それからは、日本で暮らすための準備に明け暮れた。環境にも給料にも恵まれていたテレビ局の技術責任者の職を辞し、1999年にはジャーナリストになって日本で働き始めた。つまり、わたしは日本との出合いがきっかけで記者になったのだ。

フランスでは、ジャーナリズム専門学校や政治専門学校を卒業しないと大手メディアの記者になる人はほとんどいないため、異例の経歴といってもいい。

来日したばかりの頃、わたしは日本の先端技術についての記事を書くことに集中した。興味のあるジャンルだったし、これらの技術についての知識も持っていた。当時、世界でも優位にあった日本の携帯電話など移動通信技術について取材をする外国人記者は少なかったため、よきチャンスだったのだ。

1999年から2004年までフリージャーナリストとして活動をし、2004年末にフランス・パリに本社があるAFP通信社から連絡が来て記者として採用された。そこから2020年までの約15年間、AFPの在日特派員として活動した。その年の2月にAFPを辞めて、仏・公共ラジオグループ「ラジオ・フランス」と日刊リベラシオン紙の特派員になった。

その間（2010年頃）、わたしは日本の男性に恋をした。「じゃんぽ〜る西」という風変わりな名前の漫画家だ。友人を介して知り合い、銀座のカフェのテラスで再会し、一緒に仕事をし、渋谷でデートをし、今、わたしたちの間には2人の息子がいる。

長男は2012年生まれのナオ。次男は2017年生まれのユウゴ。ナオはピアノが好き、書くことが好き、工作が好き。ユウゴはどこに行っても、お友達ができる子だ。最近は兄弟ゲンカが多いのだけれど。

2人は今、日本の公立小学校に通っている。彼らを通して、わたしは日本の教育事情、学校事情について日々学んでいる。フランスの教育と比べて、日本の教育は驚きでいっぱいだ。

どちらの教育にもすばらしい点と改善点がある。両者の「いいとこどり」をすれば、子どもたちはもっと幸せになれるに違いない。これからは、いろんな国を行き来して暮らすのがあたりまえの時代になるのだから、お互いに意見交換して、教育を、学校をよりよいものにしていきたい。本書はそんな願いを込めて書いた。

わたしが外国人の目線で日本とフランスの教育を分析すると、それぞれの社会のあり方や働き方が浮かび上がってきた。

教育とは、いかに社会と密接に結びついているか改めてよくわかる。そう、教育現場は社会で今起こっていることと、まるっきり地続きなのだ。

したがって、日本のよい点をそのままフランスに輸出すればフランスの教育が改善されるというわけではない。逆もしかり。フランスの教育を無理やり日本に当てはめようとしてもうまくいかないだろう。

自分が変わると、日本は住みやすい国になった

本格的に来日した1999年、わたしは日本で暮らすためにいろんな努力をしなければ、と心に誓った。日本語を勉強すること、日本の歴史を勉強すること、文化やふるまいを学ぶこと。

そして、わたし自身が変わること。最初からそうしようと決めていたので、スムーズに日本の生活になじむことができた。在日外国人で日本のルールを守らない人はきっと大変な思いをするに違いない。

わたしはフランスと日本でまったくの別人になる。コンピュータにはマックとウィンドウズがあるように、その使い方もしくみも違うように、わたしも両方のソフトを兼ね備えている。つまり、それぞれの国に合わせて、わたしの脳にある基本ソフトを替えなければいけなかった。

フランスにいたらフランスの基本ソフトを使う。すぐ戦闘モードになるソフトだ。フラ

ンスではお店でしっかり主張しないと何もサービスを受けられない。日本にいたら日本の基本ソフトを使ってやさしい人になる。そうやって考え方をスイッチする。

なぜこれができるようになったか。それは、日本語を勉強するなかでフランス文化との大きな違いを知り、「郷に入っては郷に従え」精神が日本で生きていくのに必須だと感じたからだ。

わたしはもともと効率よく行動し、理不尽なことには立ち向かっていくファイターだ。でも、この資質は日本で暮らすにはあまり都合がよくない。社会はわたしに合わせて変わってくれない、と気づいたのだ。

もちろん、日本には不思議だと思うルールはかなりあるのだけど、今はそのルールを変えるために奮闘するよりも、なぜそのルールが作られたかを、まずは理解することが大事だと考えている。

日本では、保育園でも小学校でも、こまかい準備を求められる。先日も小学校の先生から「ポリ袋を持ってきてください」と言われた。もしわたしが、「フランスではプラスチックごみを減らすためにポリ袋が禁止になったので、それはできません」と主張したら、おそらく先生は驚き、学校ではちょっとした問題になるだろう。結局、そのとばっちりを受けるのは子どもだ。ならば、まずはフランス式の考え方、暮らし方を引っ込め、日本社会に合わせてみる。そうやってわたし自身、成長してきたと思う。

フランスとはどう違い、どんな態度をとるのが適切か、だんだんわかってきた。とはいえ、今でもたびたびやらかしてしまうのだけど。

フランスで評価される子とは

日本の義務教育の学力水準は世界的にもトップクラスだ。PISA（学習到達習熟度調査の国際比較／2022年）によると、日本の義務教育はOECD加盟国（37か国）では、数学的リテラシーが1位、読解力が1位、さらに科学的リテラシーも1位という快挙だ。フランスは数学的リテラシーが22位、読解力が24位、科学的リテラシーが22位だ。

ここからもわかるように、日本の教育システムは効率よく網羅しているといえる。小学校を卒業したら多くの子が漢字の読み書き、算数の計算ができるようになる。日本の義務教育が子どもの学力を維持するのによいとされているのは間違いない。よって、わたしは

PISA（学習到達習熟度調査・2022年）
OECD加盟国（37か国）における比較

（点線枠）は日本の平均得点と統計的な有意差がない国

	数学的リテラシー	平均得点	読解力	平均得点	科学的リテラシー	平均得点
1	日本	536	アイルランド*	516	日本	547
2	韓国	527	日本	516	韓国	528
3	エストニア	510	韓国	515	エストニア	526
4	スイス	508	エストニア	511	カナダ*	515
5	カナダ*	497	カナダ*	507	フィンランド	511
6	オランダ*	493	アメリカ*	504	オーストラリア*	507
7	アイルランド*	492	ニュージーランド*	501	ニュージーランド*	504
8	ベルギー	489	オーストラリア*	498	アイルランド*	504
9	デンマーク*	489	イギリス*	494	スイス	503
10	イギリス*	489	フィンランド	490	スロベニア	500
	OECD平均	472	OECD平均	476	OECD平均	485

*のある国はPISAサンプリング基準を1つ以上満たしていないことを示す
文部科学省・国立教育政策研究所より

フランスの教育が日本の教育よりも優れているとは思っていない。

ただ、わたしが実際に日本の小学校の授業を見学して、あるいは取材を通して、学習習熟度からは見えない〝ある点〟が気になって仕方ないのだ。それは、日本の学校の先生自身が思ったよりわくわくしながら教えることを重視していない気がすること。

第3章で詳しく触れるが、学校公開で息子の学校を訪れたとき、同じ学年の先生たちが皆、「同じ教え方」をしていたことは、わたしにとってショッキングだった。

また、第5章で触れるように、精神的な疾患により休職に追い込まれる教員が多い事実も見過ごせない。

わたしは先生自身がわくわくしながら教えることが何より重要だと考えている。もしわたしが学校の先生だったら、自分のカラーを打ち出し、自分ならではの教え方を追求しようとするだろう。先生自身が幸せに働き、教えることを楽しんでいれば、それが子どもにも好影響を及ぼすと思うからだ。

フランスの場合、そんな個人としておもしろい先生は多いけれど、学習の結果が伴っているかといえばそうでもない。依然として、学ぶ意欲のない子、読み書きができずに卒業していく子がたくさんいる。その理由については、2章や5章で詳しく述べていく。

また、最初に書いた「学校評価アンケート」のように、日本の学校には「そもそも子どものためになっているのか」と首をかしげたくなる、慣習というべきものがちらほら見られる。よい慣習は残していき、ためになっていない慣習は変えることが大事だとわたしは考えている。

「変える」ために必要なのは議論だ。議論ができると、自分の思いを伝え、他者とのコミュニケーションがうまくいくだけでなく、考えそのものをブラッシュアップし深めることができる。

日本の学校はせっかくよい教育をしているのに、議論が圧倒的に足りないことは気になっている。そのあたりを3章に書いていきたい。

改めて、日本での子育ての日々はとても楽しい。子どもが生まれる前の日本も興味が尽きなかったが、子どもと一緒に過ごす日本は、次々と新しい顔を見せてくれる。

この大好きな日本と故郷であるフランス、両者にとって教育や子育て環境が少しでもよいものへ変わっていく一歩に本書が貢献できれば、こんなうれしいことはない。

『フランス人記者、日本の学校に驚く』もくじ

はじめに

日本の学校とフランスの学校の「いいとこどり」を …… 004
自分が変わると、日本は住みやすい国になった …… 007
フランスで評価される子とは …… 009

第1章　日本の小学校、すべて驚きの毎日

わたしが日本の公立小学校を選んだわけ …… 024
日本にしかない？　入学説明会 …… 026
チームワークが心強い「入学前健診」 …… 029
人生で初めての入学式 …… 031

フランスの親は学校に行かない？……034
日本の学校はプリントがお好き……037
教科書が消える？――フランスのデジタル化事情……039
日本のおいしい給食、そしてフランスは？……042

第2章　こんなに違う！　日本とフランスの学校

義務教育は3歳から。フランスの学校生活……046
データから見えてくるフランスの教師不足……049
飛び級する子、留年する子……051
なぜフランスでは「大学まで無料」が実現できるのか？……054
パリ市長　彼女はスペイン系移民……056
フランスのテストに「3択」はない……059
担任教師が自由に時間割を作るフランスの学校……061

ネット上に「オリジナル時間割」をシェア……063
学校公開で驚いた! 全クラス同じペースで進む……066
日本人が知らない日本語のすごさ……068
「聞いて書く」が難しいフランス語のテスト……071
「体育館とプールがある」はあたりまえじゃない……074
本格的な楽器がそろう音楽室……075
「避難訓練といえばテロ」のフランス……077
テロの危険性を先生が判断……080
大学へ行くための国家試験「バカロレア」とは?……082
塾も予備校もいらない理由……083
失敗を恐れすぎている日本の子どもたち……085
学歴より「何ができるか」を問われるフランス……086
❖コラム フランスの学校は宿題禁止……088

第3章　なぜフランスの子は「違う意見です」が言えるのか

「議論」できる子どもって？ …… 092
わたしが日本の政治家に感じた疑問 …… 093
討論しない「日曜討論」という番組 …… 095
議論のファーストステップは情報収集 …… 098
なぜフランスでは「違うと思います」が言えるのか …… 101
責任《リスク》をとることに慣れる …… 102
とあるフランス人高校生の投稿 …… 104
フランスの子は先生に「文句」が言える …… 106
3歳からのやりとりで議論の下地をつくる …… 109
❖コラム　フランスの学校が教えるノートのとり方 …… 110
挙手はハンドサインで …… 114

なぜ、コロナを授業の題材にしないのだろう …… 117
歴史の中にいるということ …… 118
「子どもっぽい態度」とは？──フランスで評価されるのは「議論する子」 …… 121
大人も子どもも、みんな政治の話をしない …… 123
意見が違ってもリスクがあっても議論をあきらめない …… 127
夫婦のいつもの会話が子どもの教科書 …… 129
❖コラム　わたしの小中高校時代 …… 131
ティーンの頃から大統領選のポスター貼り …… 132
こんな授業が子どものモチベーションを上げる …… 134
メディアの授業がネットリテラシーを育てる …… 135
子どもは生まれつき「多様性」に興味津々 …… 138
学校を休むことは、時に「人生のプラス体験」になる …… 139
マンガの国から来たお友達──フランスの学校体験 …… 141

第4章　日本の子は道徳を、フランスの子は哲学を

「道徳」から「道徳科」へ …… 144
何が変わり、何を教えている？ …… 146
「正しい日本人」って何？ …… 148
フランスの「公民道徳教育」とは――日本と決定的に違うこと …… 150
非宗教性というフランスの教育の柱 …… 153
「公民道徳教育」の授業を参観して …… 156
政治家と高校生が議論する …… 158
フランスの高校生が学ぶ「哲学の授業」 …… 161
「死刑」を話し合う …… 162
「動物実験」をテーマに話し方を学ぶ …… 165
「アート」を言葉にする授業 …… 167

フランスの教科書で「ジェンダー問題」はこう教える……168
日本の道徳に足りないもの……173
人種差別にピンとこない日本……176
絵の具の「肌色」が意味すること……178
「ママ、学校でフランス語を話さないで」……181
犯罪件数が少ない日本の「理由」……183
ヨーロッパで急増――環境問題でひきこもる子ども……186
フランス人が驚愕する〝広告トラック〟……188
1人ひとりはやさしいのに「システム」がやさしくないのはなぜ？……193
袴田さんの事件で思うこと……194
挨拶をしない日本人――「世界一礼儀正しい国」の弱点……198
お店でも電車の中でも話したい……200
日本人のコミュ力が危険信号？……202

生成AIの脅威に鈍感な日本の政治家――ある発言から見えたもの …… 206
読書を習慣にする子が得るもの …… 208
❖コラム　フランスでは、いじめは犯罪です …… 211
性教育は何歳から？――匿名で相談できる「プランニング・ファミリアル」 …… 213
性交も避妊も教えない日本 …… 215

第5章　フランスの先生もつらいよ

今、日仏の先生たちが直面している危機 …… 220
なぜフランスで教師の人気がなくなっているのか …… 222
フランスの先生もつらいよ――麻薬、暴力、モンスターペアレント …… 226
フランスの「12人学級」 …… 228
カリキュラムがころころ変わる …… 232

日本の先生もつらいよ――長時間労働と「子どものため」幻想 …… 234
ストライキしない日本の先生 …… 237
1票の力、1人の声の強さを信じる …… 240

第6章　コロナ到来――学校はどう対応したか

休校スタート――災害大国日本でどこまで準備ができたか …… 244
スピードを重視するフランス、安定感を重視する日本 …… 248
コロナで浮かび上がった日仏の問題――子どもと親の「心の病」 …… 252
フランスの問題――休校明けに登校しない子 …… 255
コロナ後、何が変わったか？ …… 258

第7章　フランス人記者、日本の少子化に思うこと

なぜフランスの出生率はEUでトップなのか……262
「異次元の少子化対策」に欠けている視点……268
経済力のある夫婦に子どもがいない理由……273
男性も女性ももっと「ラクな働き方」を……275
幸せに仕事をすると、子どもを産み育てたくなる……277
アフターピルという権利……280
「幸せな子ども時代」のために……282

おわりに

第1章

日本の小学校、すべて驚きの毎日

わたしが日本の公立小学校を選んだわけ

東京にはフランスの学校がある。そこでは日本語の授業もあるけれど、フランスのカリキュラムに沿って授業が進む。生徒は少数ではあるものの日本人もいるが、多くは日仏ハーフだ。両親がフランス人の子もいて、彼らは来日して数年間を日本で過ごし、フランスへ帰っていく。

元同僚のフランス人記者の娘もそこに通っている。校長先生も顔見知りだ。入学したいと希望すれば、問題なく「どうぞ」と迎えてくれるはず。フランスの義務教育がスタートする3歳からその幼稚園に入園可能だ。

でも息子たちは日本の区立保育園に続き、日本の公立小学校に入学した。その理由はいくつかある。まず家から近いこと。そして、日本の社会でうまくいく教育を受けさせたいこと。わが家はおそらくずっと日本に住む。フランスに帰る理由もないし、今のところその考えもない。フランスの学校に通ったら、日本でどんな進路をたどるかわからない。日本の大学に進学するなら、日本のカリキュラムに沿っていないと支障が出てくるだろう。

今、子どもたちが勉強している漢字も、フランスの学校ではゆっくりペースで進む。日本社会で生きていくには、勉強が中途半端にならないよう日本の学校に通うのがベストだと考えている。また地域の保育園に通って、かけがえのない経験をしたことも理由として大きい。よい先生とよいお友達に恵まれたのは、子どもだけでなく、わたし自身もだ。

将来の進路について不安がないわけではない。子どもがフランスの大学に行きたいと言ったら、「東京にあるフランスの学校に通えばよかった」と思ってしまうリスクはある。バイリンガルになるにはフランスの学校に通うほうがいいとまわりからも忠告されたが、全体的なメリットとデメリットを考えた結果、日本の小学校に入学することにした。

と、まあ懸念もあったが、今のところうまくいっている。通っていて問題が出てきたら、学校を変わることもできる。長男には適しても次男には適さないということもある。子どもはよい環境にいると、自然と何でもがんばるようになる。よくない環境にいると勉強に身が入らなくなる。問題が出てきたら、息子たちに合う環境を探すまでだ。

日本にしかない？　入学説明会

フランスの学校と日本の学校、同じなのは先生と子どもがいるくらいで、違う点がかなり多い。入学準備のある・なし。まずはこれをお伝えしたい。

フランスでは——ここがフランス人らしいのだが——入学まで特に何もしなくていい。入学式もない。入学する小学校が決まったら、新しい服を買って、新しいバッグを買って、当日を迎えるまでだ。

日本では早い人で1年前にランドセルを買うのを皮切りに、入学説明会、健康診断、準備品購入とつづく。「そろそろ入学ですよ」というプレッシャーが与えられ、小学校入学がいかに重要かをじわじわと感じさせるシステムだ。

これは子どもにとって大切なステップだと思う。保育園や幼稚園から小学校という義務教育へ進み、ここから教科の勉強も始まる。親も子もその重要性を理解していないと、つまずくリスクが高くなってしまうのではないか。

そんなことを考えながら向かった長男の入学説明会。緊張のあまり、早速ミスしてしまった。会場である体育館につくと、まわりの親子はみんな上履きに履きかえている。

「えっ？　上履き……？」

説明会の案内のプリントは読んできたけれど、上履き持参なんて書いてあっただろうか。それでも、みんなが持ってきていることは偶然ではないはず。

時は11月半ば、床が冷たい。ただ、忘れっぽい人がときどきいるのだろう、貸し出し用スリッパがちゃんと用意されていた。

ホッとしたのも束の間、それは大人用スリッパのみで、子ども用スリッパはなかった。息子には「ごめんなさい」をして許してもらった。

その後も名前カードに名前を書くとき、苗字を下の漢字から書いてしまうミスをした。訂正しようとして二重線を引いたらカードが汚くなってしまい、余計に焦った。

でも失敗はここまで。その後は万事うまくいった。説明会はすばらしかった。校長先生をはじめ、数人の先生がプロジェクターで写真を見せながら丁寧に説明してくれた。準備するモノや入学式の段取りについても。「ひとりで登校する子もいるので、通学路を歩く練習をしてください」とも言われた。

先生たちからたびたび出たのは、「一緒にやりましょう」という言葉だ。学校にすべてをまかせるのではなく、親と先生と地域で協力しながら子育てしよう、というメッセージを受けとった。

何よりいいなと思ったのは、5年生の子どもたちが学校案内をしてくれたこと。「あちらへどうぞ」「こっちだよ」と息子たちの手を引いて校舎を歩きまわった。

その姿を見ていると、「ああ自分の子も4年後、5年後はこうなるんだな」と想像できるし、「こんな感じになってほしいなあ」と期待感も生まれる。また学校のトイレや音楽室などの施設を見学すると、そこを使うことが楽しみになる。

長男は保育園の0歳児クラスから一緒に過ごしたお友達が10人いたが、同じ小学校に入学する子はいない。それはすなわち、わたしも10人のママ友に支えられていたということ。息子にとってもわたしにとっても自立の時期が近づいていた。息子はやはり不安を感じているらしく、「お友達と離れるのはイヤ」とときどき言っていた。

でもこうして小学校に足を運び、自分の目で見て安心したのだろう。入学説明会の後からは、一度も「イヤ」と言わなくなった。「こんないい学校に通うのか。うん、だいじょうぶ」と思えたのだろう。わたしたち親子は早く4月になってほしいという気持ちになっていた。

チームワークが心強い「入学前健診」

入学説明会とならんで、入学前の健康診断もまた優れたシステムだ。身長体重はどのくらいか、目や耳に問題はないか、自分で自己紹介できるかどうか。日本では、学校と医者が見事に連携していると感じる。それは虐待の防止にもつながる。

そもそも健康診断は0歳児からスタートする。しかも3か月や6か月と小刻みにチェックする。不安のある親にとってこんなありがたい制度はないだろう。

ちなみにフランスでは幼稚園で3歳児か4歳児の、小学校で6歳児の、そして中学1年生の健康診断がある。11種類のワクチンが義務化され、ワクチンを打っていない子は入学できない。

ワクチン反対を唱える、いわゆる「アンティヴァクス（antivax）」の親もいるため、入学にあたって学校側の要請に「いや、打たせたくない」と抵抗し、問題が起きることもある。義務ワクチンを済ませていない子どもは入学はできるものの、3か月以内にワクチンを打たないと学校に通えなくなるリスクがある。

日本では、子どもの健康や発達や態度を見守るのは親だけではなく、学校でも見守ってくれているという安心感がある。

人生で初めての入学式

4月7日、入学式の朝、わたしたち親子は緊張していた。なにせ人生初の入学式なのだ、息子にとっても、わたしにとっても。登校してきた子どもたちはみな真新しいランドセルを背負って、ピカピカの帽子や服を身につけていた。

1年生は4クラス、計120名の30人学級だ。体育館の入口で親子は別れ、息子は後から新入生として入場してきた。1年生を安心させるように、2年生がハーモニカの演奏で迎えた。まるで「学校は楽しいよ」と歌っているようだ。同時に、小学校にはルールがあり、ちゃんと守らなきゃいけないよ、というピシッとした空気も漂っていた。

フランスの学校には入学式がない。

9月上旬、初日から授業がスタートする。親は子どもを学校に連れていくと、校舎の前で「バイバイ、いってらっしゃい」と見送る。担任の先生は自己紹介をして、今年1年のスケジュールを説明する。

授業は子どもたちのレベルチェックから始まる。黒板にいくつか言葉を書いて、「これは読めますか？　読めませんか？」と聞いていく。日本の学校との大きな違いは、子どもたちの国籍がバラバラなことだ。自分の家で、家族とフランス語をしゃべらない子もいる。1人ひとりの様子をおおまかに把握していく。それが入学初日だ。

日本の小学校に話を戻そう。息子の担任の先生は、教師2年目の若い男の先生だった。じつは夫はちょっと心配していた。保育園の担任の先生は女性ばかりだったので、女の先生が大好きな息子はだいじょうぶだろうか、と。でも心配は無用だった。担任の先生は「一緒にいっぱい遊ぶよ！」と元気に声をかけてくれた。やる気とユーモアのある先生だった。

授業風景はフランスの学校とぜんぜん違う。みな静かに先生の言うことを聞き、質問があったら手をあげて立って、椅子を引いて、質問する。

授業の始まりは日直の子どもがふたりで「これから1時間めの授業を始めます」と挨拶をする。先生はときどき誰かを指名し、「校長先生のところまでコレ持って行ってくれますか？」などとお使いを頼む。

子どもに役割を与え、クラスの決まりごとも多い。覚えることが多くて大変だと思うけれど、全員がちゃんと務めている。先生が話していてもおかまいなしにぺちゃくちゃしゃべっているフランスとは正反対。

とはいえ、小学校の印象は、わたしが思っていたよりもずっと自由だ。もっと軍隊的な雰囲気をイメージしていたが、それはない。以前、日本の現代史についてフランス人向けの記事を書いたとき、あるニュース番組のアーカイブを見た。そこに出てきた日本の小学校は、規律が厳しく自由がなさそうな雰囲気だったのだ。

実際に学校に行ってみたら、休憩時間の子どもたちは完全に自由だ。音楽を聴きたい子は聴き、外で遊びたい子は遊び、図書館に行きたい子は行って本を読んでいる。何もしたくない子はそのまま座っていてもいい。

先生がきっちり監視しているというふうでもない。しかも、子どもたちは自由でありながら、めちゃくちゃな感じにはならないのだ。フランス人には自由というとモノを壊すなど、時にめちゃくちゃな行動をとる子もいるのとは対照的だ。

フランスの親は学校に行かない？

ところで入学説明会は、わたしの子どもの頃にはなかったと思う。念のためフランスに住む父に聞いたが「記憶にないね」と言われた。

ただ、今フランスでは、入学説明会とは呼ばないけれど、日本でいう保護者会のようなものはあるとフランス在住のオレール先生が教えてくれた。

オレール先生は若いけれど、小学校の教師になって13年。本書のために、わたしは何度も彼女に取材をして貴重な情報を得た。保育園の卒園式はないけれど、一部の園では、卒園を証明する「何か」が子どもたちに配られているという。

つまり、フランスでは学校によって行事はかなり異なるということ。最近では、多くの地域で学校の先生と親のコミュニケーション強化を図っている。入学前の学校見学を実施する学校も増えてきたという。

フランスの義務教育は、いろいろな問題を抱えていた。子育てに関心のない親、無責任な親もいると言わざるを得ない。あきらめて熱意を失っている先生もいる。ルールがより厳しい私立学校なら問題ないかといえば、そういうわけでもない。お金のある子どもが通う学校だとしても、必ずしもよい親ばかりではない。お金があることで、いっそう学校まかせにする親もいる。「問題が起きたら学校のせい」と言いきってしまうような。

子どもと親と先生の出会いの機会を増やすのは必要なことだが、いくら学校側が努力しても協力しない親がいるのも事実だ。フランスでは、どの公立小学校に行くかは住んでいる住所で決められるから、私立に行くことを考えない場合はいくつかの学校を見比べても意味がない。

「もし住所で決定された小学校と違う公立小学校に行きたいなら、ちゃんとした理由とその理由を証明するものを事前に提出しなければいけません。必ずしも承認されるわけではないですが」

こうオレール先生は指摘する。ちなみに、小学生の85%は公立小学校に通っている。

フランスの公立小学校では、説明会(のようなもの)はあっても、入学式はない。その習慣はこれまでもなく、将来的にもないだろうと思われる。ある意味で、親として気楽ではある。何かとプレッシャーの多い日本人の親たちには「ラクでいいな」とうらやましがられる。でもフランスはプレッシャーがなさすぎる気もする。フランスでも小学校がどんな意味をもつのか、ちゃんと子どもに説明する親もいるだろう。一方で、幼稚園から小学校へと通う場所が変わるだけ、という感覚の親もいるのだ。

わたし自身は学校公開や運動会など、親が学校に出向く機会が多いほどよいと考えている。学校は子どもが毎日過ごしている場所だ。その環境や友達との関係を見るためにも学校が開かれていることは重要だ。息子はどんな友達と話をしているのか、男の子だけでなく女の子とも話しているのか。そんなところを見るのも楽しい。

また親が出向く出向かないにかかわらず、学校行事が多いことは、思い出が多いという意味でも評価している。日本人の夫と話していると、小中学校の話を詳細に覚えていることに気づく。昔のクラスメイトが誰だったたか、どんな話をしたかまで。おそらく記憶の中にその時々の行事が区切りとしてマークされているのだろう。

そして、日本にいるアメリカ人など外国人の友人の多くが、親子のすばらしい思い出になる入学式や卒業式をとてもうらやましがっているのも事実だ。

日本の学校はプリントがお好き

日本の学校は紙でのやりとりが大好きだ。

「地球にやさしいことをしよう」とリサイクルの授業をしているにもかかわらず、紙をたくさん使っている。言葉と行動が矛盾している。

紙を減らしたいのなら、まずプリントを減らしてほしい。算数ドリルに直接答えを書いたっていいじゃないか。なぜ別のノートに書かないといけない？　紙の量を考えたら、2倍使ってしまう。ドリルに書いてあることをノートに書き写す意味とは？

親への連絡も紙がメインだ。息子は小学1年生のとき、「ママ、プリントだよ」と毎回手渡してくれるタイプではなかった。なぜか各部屋に散らばったプリントをわたしが発見し、「ああ、明日コレが必要だ、どうしよう」と慌てるのだ。

学校が連絡をする際、あらかじめすべての親に「メールでいいですか?」と質問し、メールかプリントかを選んでもらえばいいのだ。

メールを選んだ親にはプリントを渡さない。そうすれば、年間でどれだけ紙の量を減らせるだろう。今はほとんどの親がスマホを持ち、情報を見ることができる。わたしも通勤電車の中で必死にプリントを読みたくはない。

また、配られたプリントに何かを記入して学校に提出する機会も多い。1回書くだけならまだしも、何回も同じ内容を書くことがある。緊急連絡先など10回は書いた。学校に提出するもの、PTAに提出するものは別管理だという。おそらく手書きで集めた家庭の情報を先生やPTA役員がパソコンにコトコト打ち込んでいるのだろう。もしデジタルなら、親がそのシステムに接続して記入すれば1回で済む。その情報を必要とするところに配れるし、必要な人はアクセスして情報をとることもできる。

せっかくの技術を効率的に使っていないと感じる。プリントする先生の時間もムダにし、読んだり書いたりする親の時間もムダにする。紙のメリットは1つしかない。それはマグネットで冷蔵庫に貼れること。わが家の冷蔵庫はプリントでいっぱいだ。

教科書が消える？
──フランスのデジタル化事情

フランスの学校では「紙を減らそう」活動を数年前から行っている。ロシアによるウクライナ侵攻の影響で紙の価格が急に上がったので、さらにその傾向が強くなった。

このデジタル化の時代に、果たして教科書が必要なのかどうか、フランス各地で議論になっている。もともと教科書は大衆教育の主な手段として、学校のカリキュラムに役立つように作られたものだ。先生の裁量が大きいフランスでは、教科書を手放す先生もいることだろう。

ただ今のところ、多くの学校では肝心のタブレットが提供されていないのが難点だけど。

今でこそ、日本の学校も出欠管理アプリを使っているが、数年前までは連絡帳でやりとりする学校も多かった。東京にあるフランスの学校は、以前から出欠管理のシステムがあり、休む場合はそこに入力する。先生はクリック1つで欠席する子どものリストと欠席の理由を確認できる。全員にとってラクなのだ。フランスは効率的に仕事しようという流れが以前からある。先生たちも残業したくないため、どんどん技術を使い、アプリを使い、効率化していく。

先生のムダな時間をなくしていけば、親と面接する時間を増やせるのではないか。親とコミュニケーションすること、会ってしゃべることはとても重要だ。

とはいえ、授業では算数や国語のノートがあり、計算をするため、漢字を書くために紙が必要なのはわかる。すべてをカットしなくてもいいのだ。大事なのは、バランスをとって、それぞれの仕組みや方法のメリットや必要性をよく考えた上で時代に合う方法に変えていくこと。

今、先生はムダなことに多くの時間を使っている。親に会う時間は少ないし、休む時間も足りない。朝早くから夜遅くまで働き、残業している先生も多い。民間企業では「月の残業時間の上限は45時間」と定められているが、学校の先生には適用されていない。

わたしはときどき取材のために朝6時半に家を出て駅に歩いていくけれど、ちょうど登校する先生とバッタリ会い、ショックを受けた。

毎日6時半に学校に着くには4時半か5時に起きるのだろう。そして学校を出るのは19時。しかも1日の休憩時間はほとんどない。

この過酷な労働環境をどうにかして改善しないといけない。まさに教員不足の一因だろう。いくら子どもに教えることに情熱があったとしても、こんな精神的にも体力的にもつらい仕事をしたいと思う若者が少なくなるのは当然だ。

また教員は、その労働条件に対する抗議権利(集団行動権)も大きく制限されている。

日本のおいしい給食、そしてフランスは？

わたしは小学生時代、ランチタイムはいったん家に帰り、昼食をとっていた。父が会社から車で学校に迎えに来て一緒に家で食べ、午後また学校に送ってもらい、父は会社へ行くのが日課だった。今もフランスの田舎ではそういう家庭が多い。

もちろん給食もある（義務ではないため、給食のない学校もある）。フランスの学校にはランチルームがあり、多くの学校ではセルフサービスだ。メインメニューは1種類か2種類、ほかに前菜、チーズやデザートを選べる。

今フランスでは、食べたいものしか食べなくていい、というトレンドになっている。さらに最近、一部の学校では親がスマホのアプリで給食のメニューを選ぶ。以前のセルフサービスから、また一段進んだカタチだ。子どもは好きなものを食べられるし、学校は提供する食べ物の種類や量を調節でき、ムダを減らせる。

一見よいことに思われるが、実際は必ずしもそうではない。なぜなら、そのシステムによって子どもたちは好きなものしか選択せず、毎日フライドポテトを食べてしまうリスクがあるから。栄養が偏り、肥満にもなりやすい。地球環境やフードロスを考えているようではあっても、子どものことを考えていない。

食べたいものしか出さないことが「エコ」なのか。学校給食を作る企業が考えているのは利益を出すことで、つまりビジネスを優先させているのだ。

幸い医療業界や保護者の圧力もあって、学校ではよい動きもある。たとえば、有機食材を優先的に使うことや、2023年からは週1回、宗教上食べられない子やヴィーガンの子に対応した肉のないメニューを提案するのが義務になった。また2021年末にフランス政府は、学校で給食を作る設備に投資するために特別な支援制度を設けた。

日本の学校に通う息子はきのこ全般が苦手だった。

「好きじゃなくてもちょっとだけ食べたほうがいいよ」と先生に言われ、量を減らして食べてみた。すると少しずつ食べられるようになった。完全になくすより、ちょっと減らして、ちょっと我慢して食べる。すると、食べられるようになる。今はきのこを（一部の種類を除いて）食べている。

それは料理だけでなく、人生も同じ。わたしたちは、好きでないこともときどきやらなければならない。やってみると案外「やってよかった」という気持ちになるものだ。

ユニセフの調査で、日本の子どもに肥満が少ない主な理由は、学校給食の栄養バランスのよさとあった。

息子は毎日、「給食おいしかった！」と学校から帰ってくる。味がよく健康的な給食を出してもらっていることが本当にありがたい。

第2章

こんなに違う！日本とフランスの学校

義務教育は3歳から。フランスの学校生活

フランスの学校はどんなところなのか。この章では、日本の学校と比較しながらその輪郭から内容までを見ていく。

まず、義務教育が3歳から16歳という点が日本と大きく違う。これは２０１７年に就任したマクロン大統領の政策により、２０１９年、小学校就学前の子どもまで義務教育が広がったことによる。基本的に3歳から6歳までの3年間を幼稚園で過ごす。２歳児も利用可能だ。

そして小学校は5年間、中学校は4年間。義務教育の終わりには試験がある。日本の高校入試とは目的が違って、あくまで学んだことが身についているかを確認するものだ。

その後、高校が3年間、そして大学が2年から10年へと続く。フランスの学校で重要な

試験といえば、高校3年生の終わりにある「バカロレア」だ。これは高校の卒業資格でもあり大学の入学資格でもあって、無事バカロレアを突破すると大学生になることが可能。このバカロレアについては82ページで詳しく述べていく。

義務教育に話を戻すと、年間を通して、授業は9月から翌6月末まで。基本的に6週間か7週間の授業期間があり、その後、2週間の休みがある。つまり6（7）週間＋2週間のサイクルを繰り返すのだ。

このサイクルは、子どもにとって定期的に休暇を設けることが重要という考え方から来ている。しかも、その休暇は、11月1日（キリスト教のお盆にあたる）や12月25日（クリスマス）など、フランスの重要な祝日に合わせている。

ただ、子どもが休んでいる間、仕事を休めない親も多い。そこで、この期間の子どもの過ごし方をあらかじめ考えておく必要がある。おばあちゃんの家に行かせる家族、保育ママを利用する家族、全国にある「子どもレジャーセンター」に通わせる家族（わたしも子どもの頃によく通っていた）。

この休暇サイクルには賛否両論あり、よいと考える親もいれば、困っている親もいる。49歳の看護師の女性はやや厳しい顔でこう話す。

「この休暇に適応する方法を知っておく必要があります。今回は連休中、幸運にも朝7時に子どもたちをデイケアセンターに預けることができました。夜勤のある夫が午後に子どもを迎えに行きます。休暇のスタートが週の真ん中だった場合は（デイケアセンターは週の始めから預けなければならない）、友人や近所の人と2～3日過ごす手配をしました」

また、退職後の69歳の男性はこの休暇サイクルに好意的だ。

「夏休みを除いて7週間ごとに2週間の休みをとることが、子どもの持つリズムにぴったり合っていると思います。また、年間を通して授業に集中しやすくなります。祖父として、5人の孫と家で過ごす時間も長くとれます」

1週間単位で見ていくと、授業日は月曜日から金曜日まで。水曜日を休みにする学校も多く、水曜日の午後のみを休みにする学校もある。

1日の時間割は基本的に、朝8時過ぎから午後4時半まで。日本の学校が午後2時半から3時半に終わるのと比べれば、滞在時間は長い。

その代わり、昼休みをたっぷりとる。フランスでは必ずしも学校で給食を食べるわけでなく、地方の学校ではいったん家に帰って昼食をとる生徒も多い。よって昼休みが1時間半しかなかったら、移動時間も入れると速いペースで食べなければならない。昼休みが2

時間あれば余裕のあるランチタイムとなる。

データから見えてくるフランスの教師不足

フランスでは２０２３年現在、６万４５００の公立・私立の学校が生徒・学生を受け入れている。４万９０００以上の小学校、１万２０００以上の中学校と高校、３５００以上の大学や専門学校がある（文部科学省「諸外国の教育統計」）。

２０２２年から２０２３年にかけて、初等教育（幼稚園と小学校）の生徒数が最も多く６４０万人、次いで中等教育（中学校で３４０万人）、高等教育（普通高校と職業高校で２２０万人）だ。

２０２２－２０２３年の教師数は85万３０００人で、うち私立学校の教師は14万人。これは、小学校では生徒19人につき平均１人、中学校では生徒13人につき平均１人に相当する。

研究所であるモンテーニュ学院によると、２０２２年には１クラスあたりの平均生徒数は、全学校を合わせて21・6人になるという。また、主要教職員組合であるSnes-FSUによると、新学期が始まった時点で、フランス本土の中学校と高校の48％で、少なくとも1人の教師が不足していた。

2023年のフランスの教育制度の予算は590億ユーロだ。国家教育予算の90％は給与の支払いに充てられており（そのうちの72％が教員）、2023年度予算の最大の増加額（10億ユーロ以上）は、政府が約束した教員給与の増額に関するものである。2022年の初任教員の平均給与（ボーナスを含む）は月1900ユーロ。10年のキャリアでは正味2000ユーロ強、20年のキャリアではほぼ2500ユーロである。

教師という職業をより魅力的なものにし、新規の教員採用をうながすため、政府は給与を引き上げた。2023年の新年度が始まって以来、新任教師の月給は少なくとも2000ユーロ（正味）、全教師は少なくとも100ユーロ（正味）を上乗せされている。

教師不足についてはその背景から対策まで第5章に詳述している。

飛び級する子、留年する子

フランスの学校では飛び級や留年がある点も日本の学校とは違う。勉強が進んでいる子は、まわりの子と同じペースで進級しても授業に興味を持てない可能性があるため、1つ学年を飛ばして進級することもできる。一方、勉強が遅れている子は進級しても授業についていけないので、同じ学年をもう一度やり直す。

小学校での割合として、飛び級の生徒は1％以下、2018年に留年する生徒は1・9％だ。わたしが子どもの頃は、義務教育の間に留年する子が1割程度だったが、今はだいぶ減っている。というのも親が留年に反対するケースが多いからだ。このよしあしは専門家の間でも意見が分かれている。政治家の間でも留年制度の拡大を推し進めている人もいるが、親たちの反対にあい、実現するかは不明だ。

たしかに、2年連続で同じことを学ぶのは、子どもにとっても楽しいものではないはず。ならば次の学年に進み、個人的な支援を受けながら学ぶほうがモチベーションも上がり、自己評価も上がるだろう。支援に切り替えることは得策ではあるが、実際は支援員の人手不足で完全には実現できていない。

飛び級は、たとえば医師や弁護士の家庭の子どもほどその割合が高い。一般家庭の子どもは飛び級の割合が低くなる。やはり学びの環境の違いによるものだろう。

いずれにしても日本のように40人学級だったらそれは容易なことではないはずだ。

「小学校で1クラス40人の子ども？　本当に？」

2022年から2023年、フランスの小学校で1年生を担当するオレール先生から するとあり得ない状況だ。おそらく、フランスの学校は〝暴れん坊〟の子どもが日本より多いため、40人もいると想像するだけで嘆きたくなるのだろう。

フランス政府のデータによると、小学校のクラスの平均人数は21・9人、中学校は25・6人。日本ではOECDの調べによると、小学校の平均人数は27・2人、中学校は32・1人、高校は平均人数のデータはなさそうだが、40人まではOKだ。

オレール先生はこう説明する。

「フランスの高校では36人のクラスもありますが、小学校では最大でも30人です。わたしのクラスには24人の生徒がいますが、複数のグループに分けて授業をします。1クラス40人という状況になったら、先生も親も抗議すると思います。今は、一部の問題のある地域で小学1年生のクラスは最大12〜15人になり、その100%の達成が目標です。その特別なクラスの子どもは小学2年生になるまでに全員がすらすらと文章を読めるように指導します」

まさに、わたしが日本で最初に40人クラスの授業を見たとき、目を疑った。40人もいるにもかかわらず、子どもたちが先生の言うことをよく聞き、驚くほど静かだったから！

なぜフランスでは「大学まで無料」が実現できるのか？

「お金がなくても子どもを産み育てられる」という考えがベースにあるフランスでは、幼稚園から大学まで学費はすべて無料だ。

フランス憲法の前文では、「教育のすべての段階にわたって非宗教性と無償性を保障することは国家の義務である」と謳《うた》っている。教科書も、義務教育では市町村が提供し、大学では国が提供している。高校では原則的には家庭の負担とされているが、多くの場合、地方自治体が無料で提供している。教育費の９割を国と自治体が負担し、保護者の負担は８％だ。

国の教育予算を日本と比較してみると、２０２２年の初等教育から高等教育の公的支出が国内総生産（ＧＤＰ）に占める割合は、フランスがＧＤＰ比５・25％なのに対し、日本は3・32％と差がある。

フランスでは、子どもの教育を社会全体で支えるという考え方があるのだ。子どもがいるかいないかに関係なく、すべての国民が税金を払い、その一部を教育のために使う。そこに対して不平等だと訴える人はいない。

日本では、子どもの教育は親の責任という考え方が根強い。

果たして政府の少子化対策でどこまで予算を増やすのか。出生数が減っているから教育予算は増やさないというのなら、子ども1人の教育費の負担はますます大きくなるだろう。

そして、フランスの公立学校が無宗教であることも強調しておきたい。

1882年に教育に関する法律であるジュール・フェリー法が定められて以来、無宗教であることが尊重されてきた。宗教教育をしたければ、平日週1回（水か木曜日）の休みを生かし、学校外でその時間をとることができる。

もちろん私立学校にはキリスト教学校などもあり宗教教育を行うのは自由だが、公立学校にとって教育の中立性は大きなポイントだ。宗教的な中立だけでなく、政治的中立、商業的中立なども守られている。

パリ市長
彼女はスペイン系移民

「教育は子どもにとってのチャンスである」――この考え方がフランスの教育の礎《いしずえ》になっている。よい教育を受けることができたら、社会人になって自分が選んだ道を進めるという考え方だ。学校のミッション（使命）の基本原則は4つある。

1　社会的または地域的な分裂を克服することを可能にする普遍的かつ合理的な文化の伝達。

2　社会的結束を維持することを主な役割とする学校の社会的中立性。

3　実力主義：学校は生徒の社会的背景に関係なく、機会均等の原則に従って生徒を選抜しなければならない。

4　学校は自律のための訓練を促進する：普遍的な文化を発展させることによって、自由な良心を発達させることができ、世俗的な道徳規範を参照することによって、共通の基準と価値観を内面化することができ、その結果、学校の社会化機能を強化することができる。

これらのミッションは理想的だが、必ずしも達成できているわけではない。ただ、理念や考え方としてはよいと思っている。

実際に出自にかかわらず、よい教育を受けたことで社会的に成功した人はたくさんいる。フランスの大都市の郊外では移民が多く、厳しい事情を持つ家庭も多い。学校のミッションはまさにこうした家庭の事情の影響をなくすことだ。その道は非常に難しく、失敗があるのは事実だが、不可能ではない。

成功した人の代表例が、現パリ市長のアンヌ・イダルゴ氏だ。

彼女はスペイン系の移民で、独裁者フランコ政権から逃れ、フランスに渡って来たのが2歳の時。そしてフランスの公立学校に通い、リヨン第3大学、同大学院を経て、後に政治家になった。

彼女はこう話す。

「すべてのフランスの子どもたちにわたしと同じチャンスを与えたい」

フランスの学校には問題も多いけれど、社会的に成功するためのプログラムは用意されていると思う。彼女がパリ市長にまでなったのは、母国語でないフランス語をきちんと身につけ、なおかつ「議論できる人」になったからだ。同じように、大都市郊外の貧しい家庭で生まれ、問題のある地域や学校でも勉強に励み、大学に進学して好きな道に進んだ人は少なくない。奨学金制度が充実しているため大学も無償だ。制度として、勉強したら誰でも大学に入学できるのだ。

成功した移民がよく言うのは「フランスの学校はすべての子にチャンスを与える」ということ。フランスの憲法でも、「平等とは最初から全員同じようにチャンスを与えること」とある。

わたし自身、フランスの公立学校のおかげで今ジャーナリストの仕事ができている。単に知識だけでなく「よい国民になるために必要な能力」も学べる場だと考えている。

フランスのテストに「3択」はない

日本の公立学校はどうだろう。

日本の教育をひと言でいえば、〝効率的な教育〟だ。必要な知識を学び、それを評価するためのツールがある。たとえば、正解を3択の中から選ぶテスト形式がある。40人学級でも効率よく採点できるシステムだが、そこに個人の表現は一切出てこない。フランスではまず見られない方法だ。

個人の表現をテストする際、その評価基準についてフランスでもときどき議論になる。先生の経験や知識に基づいて生徒の回答の是非を判断するわけだが、先生が替われば評価も変わる。フランスでは社会がそのことを受け入れている。それは学校だけでなく、職場でも同じだ。

日本人だったら「それでは公平に評価ができないのでは？」と疑問を抱くかもしれない。しかし公平とは何だろう。そもそも公平というものがあるのだろうか。

日本ではどの先生が採点しても同じ評価になる。

これを公平と呼ぶかもしれないが、やや厳しい表現をすると、日本の学校は「サラリーマン」になるのに適しているともいえる。つまり、上からの言うことに従い、あまり反発したり意見したりはせず、勤勉に働く人という意味で。

ただそれは「よい国民として活動できる人」とはややニュアンスが違う。最近の日本の学生に話を聞くと、「どうやって投票をしたらいいかわからない」と言う人もいるほどだ。なぜ学校で教えないのだろう。日本の学校は基本的な知識は学べるものの、プラスアルファの学びは足りないと感じる。

とはいえ、どちらの学校にもメリット・デメリットがある。フランスの場合、義務教育のミッションを達成するのは一部の子だ。親がフランス語を読めなかったり、家に本がなかったりする子もいる。家庭環境に恵まれないといった事情がある子は、往々にして義務教育のミッションを達成できない。

つまり格差がありすぎるのがフランスの学校の問題だ。日本ではフランスに比べるとその格差が少ない。

担任教師が自由に時間割を作るフランスの学校

ここでは学校の授業の内容に注目したい。日本とフランスの小学1年生の時間割を比べてみよう。

日本の小学1年生は、書くこと、読むことが学習の中心だ。国語と算数がメイン。ほかに生活科（市民科）、音楽、図画工作、体育、道徳がある。特別活動を入れると計、週25コマだ。

フランスも国語と算数に力を入れている点は同じだ。ほかに英語、体育、芸術的スキル、「世界への問いかけ」（生活科）がある。ただ、授業時間は週24時間とあるが、これは24コマのことではない。賞味24時間だ。

時間割を見る限り、日本の小学校と科目のバリエーションはそう変わらないが、じつは

小学1年生の1週間の授業とは?

フランスの授業時間

教科領域	週平均時間
フランス語	10h
数学	5h
現代言語（外国語または地域）	1h30
体育	3h
美術	2h
世界に問いかける／道徳・公民科	2h30
合計	24h

日本の授業数

区分		第1学年（週当たり）
各教科の授業時数	国語	9
	社会	／
	算数	4
	理科	／
	生活	3
	音楽	2
	図画工作	2
	家庭	／
	体育	3
	外国語	／
特別の教科である道徳の授業時数		1
外国語活動の授業時数		／
総合的な学習の時間の授業時数		／
特別活動の授業時数		1
総授業時数		25

備　考
※日本の授業時間について…………1.この表の授業時数の一単位時間は，45分とする。
2.特別活動の授業時数は，小学校学習指導要領で定める
学級活動（学校給食に係るものを除く。）に充てるものとする。
文部科学省より
※フランスの授業時間について ……1.この表の授業時間は1h=60分を示す。フランス教育省より

大きな違いがある。その点について、オレール先生が詳しく教えてくれた。

授業は週4日（木土日は休み）、朝8時15分から午後15時45分まで。昼休みは2時間（遠くの食堂へバスで行くため2時間必要だが、最近新しい食堂が学校の隣にできたので昼休みが短縮される可能性がある）。主な授業はフランス語の読み、発音、書きとり、聞きとり、フランス語の文法、算数、暗算、「世界への問いかけ」（主に科学）、道徳、英語、体育。

フランスの学校の大きな特徴は、こうした時間割を担任の先生が自由に作ることだ。国からの指導はたった2つ。それぞれの授業の週の時間数と年間の時間数だけ。体育館は公共施設を使用するため、他の学校や他のクラスとかぶらないよう、曜日と時間帯を交渉して決定するが、それ以外の科目の時間割は先生が自由にアレンジする。

ネット上に「オリジナル時間割」をシェア

15分単位で組み合わせながら、1年間の（あるいは一定期間の）時間割を作る。1コマ60分になることもあるし、45分になることもある。

先生たちは時間割作りを楽しんでいるようだ。なかにはインターネット上に時間割を公開している先生もいる。「どうぞご自由に参照ください」というスタイルだ。

オレール先生はフランス語と算数の授業でクラスを2つのグループに分けておこなうと決めた。

先生がグループ1に教える間に、グループ2は演習をする。グループ1の授業を終えると、グループ2の授業へ。その間、グループ1は演習をする。この授業方法は学校の判断ではなく、あくまでオレール先生自身の判断だ。

授業に使う道具も先生によって異なる。わたしが子どもの頃は学校で万年筆を使うのが一般的だったが、オレール先生の生徒はフリクションペンか鉛筆を使う。「書きやすい、修正しやすい」という理由から。

校長の許可をとったり意見を聞いたりする必要はないが、オレール先生の方法がうまくいったため、他の先生もマネをしている。

20分の中休みはクラスごとにアクティビティが決まっていて、校庭の専用スペースでおこなう。中休みが終わったら、興奮した子どもたちをクールダウンさせるため、オレール先生は「静かなタイム10分」を設けた。その時間には音楽を聴かせたり、ヨガのポーズをとらせたりする。

オレール先生の学校はパリ市内、あるいはパリ郊外の学校でないこともあり、子どもたちは安定した環境で育ち、それほど大きな問題は見られない。彼女のクラスには障がいのある子が2人いるが、皆と同じ授業を受けている。それぞれの障がいに合わせて医療にかかる時間もあるが、他の子どもへの接し方とほぼ変わらない。他の子どもからの差別もない。

「まわりの子どもたちは、彼らを障がい者とは思っていないようです。幼稚園から一緒にいるからでしょう」とオレール先生。

また1年間を通じて子ども全員で本を書くプロジェクトもあり、これがクラスでよい人間関係を育むのに役立っている。

学校公開で驚いた！ 全クラス同じペースで進む

日本の学校公開のシステムはすばらしい。その数日間に何度も足を運べるし、自分の子のクラスだけでなく、ほかのクラスを見に行くこともできる。ふだん学校で子どもがどのように勉強しているか、どの場所に座っているか、友達はどこにいるか、クラス全体の様子はどうか、先生はどんな授業をしているか。これらを間近に見ることができる貴重な機会だ。

息子のクラスでは担任の先生がおもしろい授業をしていた。そこで、1年生のすべてのクラスを見学してみた。すると、ある現象に気がついた。どのクラスもまったく同じペースで進んでいたのだ。

全クラスが5分の差もなく、同じ内容、同じタイミングで授業をしている（最近は例外もあるそうだが）。1学年に4クラスあったら、1クラスを5分見て、次のクラスを5分見たら、ストーリーがつながるといった具合だ。

わたしが見たのは算数の授業だった。黒板に書いてあった引き算の例も解決する方法も、全クラスまったく同じ。教科書の開いたページも同じだ。

先生は変わっても、学ぶ内容は変わらない。先生の態度や言葉には違いがあるものの、同じ授業を受けられるのだ。おそらく先生たちの間で「同じペースでやりましょう」と相談しているわけじゃないだろう。あくまで学習指導要領に沿って授業しているのだ。

誰に教わっても平等に授業を受けられるのは、よいことだ。親たちも全クラス同じペースで授業していることは学習に遅れがなく、安心することだろう。

ただ、わたしには違和感があった。全クラス同じということは、つまり「余白」の部分がないことを意味する。「理解していない子が数人いるから授業を止めて、1週間後にもう一度やろう」とはならないはずだ。

もしフランスの学校だったら、絶対に同じ内容にはならなかったと思う。わたしは自分が受けた小学校の算数の授業をよく覚えているけれど、先生によって教える方法が違っていた。

足し算・引き算を教えるとき、小学2年生の先生はアメ玉を使っていた。「10個のアメを持っていて、1人の友達にあげたら、手元には何個残る?」と質問する。具体例があると、子どもはすぐに理解するのだ。また、算数の専門講師だった他の先生はお金を使って計算させていた。

教科書にある例ではなく、それぞれの先生が考えた例を使うため、おのずと授業はクラスによって変わる。もちろんフランスにも学習指導要領はあるし、1年生を終えるまでに達成すべきゴールはある。でもその道のりは決まっていない。先生が授業をアレンジし、教科書とは関係のないことも学ぶ。教科書を使わない先生もいる。

日本人が知らない日本語のすごさ

フランスと日本の学校の小学1年生の科目で、最も違いが大きいのは国語の授業だろう。つまり、フランス語と日本語の授業だ。

日本の公立小学校へ通う息子の教室の壁には「勉強のルール」のポスターが貼ってある。

そこに、「漢字がわからなければ全部ひらがなで書いてもいい」という一文があった。これは日本語の特徴をよく表している。何かを書きたいと思ったとき「漢字がわからないから」とあきらめてしまったら残念だが、「ひらがなでもOK」だったら書ける。

ひらがなは非常に優れた文字だ。発音がわかれば、漢字を知らなくても文章を作れるのだ。子どもたちは4歳頃から手紙を書ける。フランス人の4〜5歳の子がフランス語を読んだり書いたりすることは稀だ。

だからこそ、日本語とフランス語を同じように教えることはできないだろう。日本では正しく覚えることを重視している。フランスでは正確さはもちろん重要だが、自分で表現することを重視している。

漢字はくり返しくり返し手で書いて覚える。小1では1日4文字のペースで学び、1年間で200文字を学ぶ。なかなか速いペースだ。そして小学校を卒業するまでに2000文字というように、具体的な目標によって学習が進む。

ちなみに、大人になってからの漢字学習は、子どもの頃とは別のアプローチが必要だ。「この漢字を30回書いてください」と言われたら、とても我慢できない。大人の漢字学習のポイントは、なんといっても必要性だ。わたしも自分の住所は引っ越し当日に漢字で書けるようになった。書く必要に迫られたらすぐ覚える。必要ないと思ったら一向に覚えられない。だから今もほとんどの漢字は読めるしパソコンでは書けるけれど、手では書けない。

フランス語の場合、アルファベットは26文字しかなく、カタチも難しくない。普通の子だったら10回くらい書けば覚える。ただしアルファベットの組み合わせで発音が変わるため、単語として覚えなければならない。したがって、フランス語を書くには、たくさん文章を読んでたくさんの単語に触れる必要がある。本を読むことこそ勉強なのだ。

またフランス語は文法がややこしい。「あなた」と「わたし」で動詞の書き方が違うし、主語は1つか複数によって動詞も形容詞も変わるし、過去形は4種類あるし、女性名詞と男性名詞もある。よって、国語という1つの授業でくくらず、書く授業、読む授業、文法の授業などと細かく分かれている。詩の授業もあり、ここで表現することを学ぶ。

日本では表現を学ぶ機会が比較的少ないと感じる。演劇をとり入れた授業もあるけれど、表現するのとは少し違う。人前で何かを発表することには違いないが、日本で演劇といえば覚えたセリフをくり返すことだからだ。自分の意見を作文し人前で発表する機会はフランスのほうが多いだろう。

だからフランスの授業はすばらしい、と言いたいわけではない。フランスでは自分で考えて表現することを重視する一方で、それにつまずく子もいる。表現することを重視しすぎると、基本的な知識がないまま成長していく子がたくさん出る。

フランスの言語学の専門家によると、小学校を卒業してもフランス語を正しく読めない子どもが12～15％もいる。また、概ね読むことはできるものの正確に意味をつかめない17歳～18歳の子どもの割合は10％を超えているともいう。ある程度、ベースの知識があってこそ、表現の幅は広がるのだ。

「聞いて書く」が難しいフランス語のテスト

日本語とフランス語がいかに違うか、なんとなくおわかりいただけただろうか。日本語とフランス語では授業の仕方も変われば、テストの方式も変わる。フランス語のテストでは、先生が読んだ文章を子どもたちが書きとり、単語の使い方や書き方の正確さをチェックする「書きとりテスト」がよくおこなわれる。

日本語であれば、先生が読んだ文章を間違って書きとることはほぼないだろう。漢字を知らない場合、ひらがなで書けば正解になる。たとえば、先生が「車が止まった」と言えば、子どもたちは正確に書けるだろう。「ま」と発音すれば、書き方も「ま」１つしかない。「車」という漢字がわからなければ「くるま」と書けばよい。

フランス語で車は「オトモビル」というが、この発音には複数の書き方がある。「オ」という発音１つをとっても「o」「au」「eau」「ho」「oh」「aux」「eaux」などの書き方があるのだ。どれが正しいアルファベットなのかは、それ以前に「automobile」という単語に出合っていない限り、わからない。だから出合う単語を増やすために、たくさんの文章を読むしかないのだ。

小学１～２年生のテストでは、この書きとりのほか、大きい声で文章を読む、文章や単語を正しく書く、言葉の意味の理解度をはかるなどのテストがある。

ちなみに算数は日本とフランスで大きく変わらない。数字の意味や使い方を知っているか、暗算ができるか、数字で問題を解決できるかをチェックする。あるいは三角形や四角形の面積や辺の長さを求める図形の問題などがある。ただ、筆算の書き方には違いがあり、たとえば割り算「６１８÷４」の式は次ページのように書く。

フランスの割り算

$$\begin{array}{r|l} 618 & 4 \\ 21 & \overline{154} \\ 18 & \\ 2 & \end{array}$$

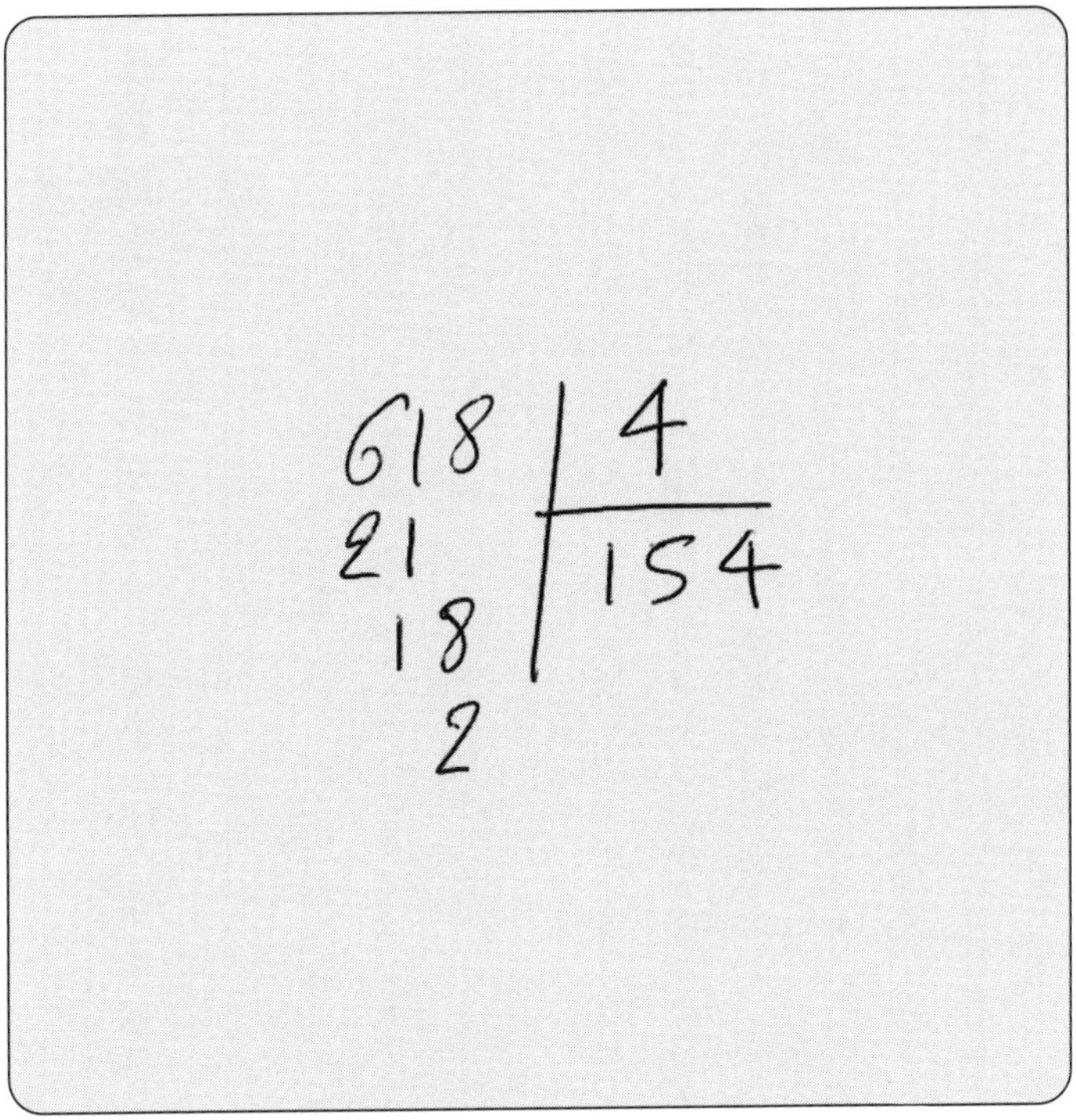

618÷4の筆算はフランスではこう書く。

答えは154あまり2。

日本の筆算と比べてみよう。

「体育館とプールがある」はあたりまえじゃない

日本に来て感心したのは、各学校に体育館とプールが完備されていることだ。体育館は広く、ちゃんとした舞台もあり、体育に限らずいろいろなイベントができる。プールは屋外か屋内に設置されている。フランスでは市民体育館や市民プールを学校ごとに予約して利用する。

フランスではこうした設備が整っていない学校も多く、あったとしてもすぐ壊れる可能性がある（学校によるけれど）。日本に比べて、フランスでは子どもたちが設備を大事にしないのだ。これは学校教育の問題でもあるし、家庭の問題でもある。個人主義者のフランス人は公共施設や設備を自分のものとして大事にする意識が低い。

わたしがフランスにいた頃は「残念だな」と思っていたくらいだったが、日本に来て設備が大切に扱われている様子を見て、フランスの状況はひどいと感じるようになった。設備予算も足りていない。

学校でも生徒が自分たちで掃除をしないため、「みんなで使う場所」という意識が育たないのだろう。事実、街なかでも電車、バス停、トイレ、公衆電話などが壊れたまま放置されている。その問題は近年より深刻になっている気がする。パリやパリ郊外での落書きの量を見ればわかる。

そんな状況を子どもたちが見たら、「なんで学校ではダメと言われるのに、大人たちはいいの？」と思ってもムリはない。こうした環境で育ったら、大人と同じことをしてしまうだろう。「設備を壊すのはダメ」なんて誰が教えられるだろう。

本格的な楽器がそろう音楽室

日本の小学1年生は全員、鍵盤《けんばん》ハーモニカを持っている。個人的な意見にすぎないけれど、この楽器を演奏することで将来ミュージシャンになりたいと思う人はどれくらいいるだろうか。音量が大きくて、家で練習するのもはばかられる。リコーダーも同じだ。

そんなふうに思っていたが、息子の小学校で音楽の授業を見学したとき、意見が変わった。鍵盤ハーモニカとリコーダー以外の楽器は学校が備えているのだ。まさにプロのオーケストラ顔負けのあらゆる楽器がそろっている。ドラムからピアノやマリンバまで驚くばかり。単純計算したら、全部で数千万円の価値のある楽器だ。

こうした楽器はフランスの公立小学校には存在しない。しかも、日本の子どもたちはなぜか上手に演奏できる。

それを目の当たりにして、わたしは本当に感動した。すばらしい。

日本に楽器メーカーが多いことも影響しているのかもしれないが、学校にこんなに豪華な楽器がそろっているのは世界でも日本くらいではないだろうか。

「避難訓練といえばテロ」のフランス

日本の学校ではさまざまな避難訓練がある。保育園でも0歳児から地震訓練や火災訓練をしていると知ったときは驚いた。ただ自然災害の多い日本では、日頃から訓練して冷静に動くことが重要だとすぐに実感できた。

フランスの学校には地震や火災の避難訓練はない。その代わり、テロ対策の避難訓練をする。1990年代からイスラム過激派による地下鉄などを狙ったテロが活発化したが、その当時はまだテロの避難訓練はなかった。テロのリスクへの意識が高まったのは、実際に学校がターゲットになる事件が起きてからだ。

2012年にフランス南西部の都市トゥールーズのユダヤ人学校で3人の子どもが殺される事件があった。イスラム過激派のテロリストが学校に侵入し、無差別に子どもを殺したのだ。負傷者も出た。フランス人にとって大きなショックを受けると共に、学校だから安全ということはないと知った。

2015年にはパリ市内の飲食店やパリ郊外の競技場で「同時多発テロ事件」が起きた。ISIL（イスラム国）のグループによる襲撃や爆発が同時多発的に発生し、死者130名、負傷者300名以上という大惨事になったのだ。

フランスのテロのリスクが高いのにはいくつかの理由がある。1つは、植民地支配の歴史による対立があること。2つめは、宗教間の対立が多いこと。3つめは、フランスが世界中の問題に頻繁に介入する国だということ。

2023年10月に起きたイスラエルへのハマスの大規模攻撃は、現在のフランスのテロのリスクをさらに高めている。

2024年3月、フランスの数百の学校のオンライン授業スペースに脅迫のビデオメッセージが届いた。その内容は爆破予告や誰かの首を切るといった凶悪なもので、生徒を避難させた学校もある。

フランスはイスラエルに大量の兵器を売っている国であるため、その政治的な影響が学校をターゲットとしたテロにつながっているのだ。

となると、日本も無関係ではいられない。日本は今まで殺傷能力のある兵器を輸出しないことが原則だったが、2024年3月に次期戦闘機を第三国に輸出することを可能にすると閣議決定した。国民への説明も、国会での議論もなしに。ビジネスを目的に兵器を売ることの代償は大きいのだ。政治家はどこまでそのリスクを認識しているのか。

島国だからテロ組織のメンバーが潜入しにくいと思っている人もいるかもしれないが、メンバーは海外にいるとは限らない。ネット動画で洗脳されてテロ組織に入ろうとする日本人もなくはないのだ。

日本でも学校がターゲットになった事件がないわけではない。2001年6月8日、大阪教育大附属池田小学校で児童8人が死亡、児童13人と教諭2人の計15人が重軽傷を負った事件が起こった。

以来、同校では事件の反省と教訓を踏まえた不審者対応訓練を実施している。こうした不審者対応の訓練を実施する学校はまだ少ない一方で、池田小の事件を機に、全国の学校で警備が強化された。校門は施錠され、学校は閉ざされた空間になった。

テロの危険性を先生が判断

では具体的に、フランスの学校や教育施設ではどのようなテロ対策訓練がされているのだろうか。

毎年少なくとも1回の「襲撃・侵入」訓練が実施されている。これは、長期間にわたる継続的な準備（侵入警報の認識、経路の発見、監禁場所や隠れ場所の特定など）の集大成として実施される。その目的は3つある。

1 侵入者警報（サイレン）が学校や教育施設のどの場でも認識でき、聞こえるかを確認すること。
2 教育関係者の反射的行動（逃げる、閉じこもる）を確認すること。
3 必要に応じて、警戒態勢（階下／階上）をテストし、治安部隊に通報すること。

教育当局の責任のもとで作成されたシナリオに基づいて実施され、児童生徒の年齢に合わせて調整される。不意打ちの要素は一切ない。保育所や小学校低学年の子どもたちには、「襲撃・侵入」という用語は使わず、演習は短時間でおこなう。たとえば「隠れる」「沈黙の王様ごっこ」などのゲーム形式をとる。

２０１７年４月に発行された「Bulletin Officiel（学校に向けてルール変更などを報告する書物）」にはその訓練の準備や実施方法が細かく書かれていて、テロが実際に起きたら先生たちの負担がいかに重いかを理解できた。

というのも状況によって何をすべきかの選択肢は多く、その日、その場で決めるのは先生だ。その状況の危険性を判断するのも先生の役割なのだ。

大学へ行くための国家試験「バカロレア」とは？

フランス人にとって大きな試験、バカロレアについて見ていこう。これは、世界共通の大学入学資格プログラムである国際バカロレア（ＩＢ）とは別物だ。

フランスのバカロレアとは高校卒業資格のこと。

大学に入学するには、バカロレアを通過したうえで、自分の希望する大学へ進む。つまり、各大学でそれぞれ入学試験があるわけではない。

「えっ、バカロレアを通過したら、どこでも好きなところへ進学できるの？」

このように驚く人もいるだろうが、基本的にそのとおり。ただし、それぞれの大学の入学者数は決まっているので、必ずしも自分の要望が実現されるわけではないし、大学入学後に授業についていけず、留年したり退学したりする人も多い。

塾も予備校もいらない理由

フランスのバカロレアは「一般」、「技術」、「職業」の3つの区分に分かれている。「一般」の区分は主に大学進学を目的とし、「技術」と「職業」の区分は専門学校や技術系の短大への進学を目的とする。

「一般」バカロレアは文系・理系・経済社会系に分かれていて、それぞれ受験科目や問題が異なる。主な受験科目は、国語、哲学、数学、地歴、理科、外国語など。試験は7日間にわたり実施され、1科目につき3時間から4時間という長丁場だ。国語は予備試験として高校2年生で、その他の科目は本試験として高校3年生で受験する。

国語の試験ではテーマを選び、それについての考えを記述したり口頭で答えたりする。

わたしが受けた国語の試験では、フランスの詩人ボードレールの詩を分析した。

哲学の試験では1つの問いに対して4時間かけて口頭で答え、レポート用紙4ページほどの文章を書いた。出題される問いとは、「自由とは何の障害もないということか？」「不可能を望むことは不条理であるのか？」といった抽象的なものである。

日本ではコンピュータが採点する選択肢問題も多いが、フランスではほとんど見られない。そのため、自分の考えを書いて話すための準備が必要だ。

基本的に塾はない。家庭教師に教わる子もいるが、ほんの一部だ。学校で勉強したらバカロレアは通過できる、と考えているからだ。学校で勉強しても点数がとれないのなら、塾に通うお金がない家庭の子が損をしてしまう。

フランス教育省によると、バカロレアの通過率はおよそ9割。残る1割は再受験してもいいし、別の道を選んでもいい。またバカロレアは高校で行う試験のため、中学卒業後に働いている子は受けられない。あくまでバカロレアは大学への入口なのだ。

ただし2020年は新型コロナの特別措置により、バカロレアが免除での卒業となった。厳密にいうと平常点での採点となり、合格率は95・7%に。2019年の88・1%を大きく上回った。この年の卒業生は歴史に残る人たちとなったのだ。ラッキーではあるけれど少々不名誉な歴史として……。同じことが学生運動の盛んだった1968年にも起こった。その年もバカロレアを免除されて全員卒業できたため、時折「彼らはとても優秀だ」などとジョークとして持ち出されることがある。

失敗を恐れすぎている日本の子どもたち

2019年の時点で18歳に達したフランス国民の約80％がバカロレアを取得している。とはいえフランスは、学校がすべてという考え方はない。学校でつまずいても後でまたチャンスが来る、という考え方だ。人生にはいろいろなことが起きる。もし突然、親が亡くなったら、学業に身が入らなくなるかもしれない。「学校で勉強したかったけれど事情によりできなかった」という場合でも人生のシャッターが下りることはない。

その点、日本の社会は概して二度目のチャンスがつかみにくいように見える。大学の新卒制度も同じで、乗り遅れると就職が難しくなる。だから基本的にみな失敗を恐れている。

こうした圧力は子どもたちも感じているはずだ。失敗を恐れすぎると、むしろストレスがかかり、悪循環に陥ってしまう。「失敗したら人生終わり」と悲観して自殺してしまう子もいる。厳しすぎる社会は人を追いつめるのだ。

フランスでは「失敗するのは仕方ない、もう一度やり直せばいい」と、もっと気楽に構えている。たとえば中学卒業後、仕事をしていた人が「高校に行けばよかった」「大学に行けばよかった」と思ったら、後から軌道修正することも可能だ。仕事をしながら学び、大学卒業と同等レベルの知識を身につけていると思ったら、卒業試験と同レベルの資格を後からとれる。たとえ大学に通わなくても、自分がここまで学んだと証明できれば、厳密にチェックされたうえで国からＶＡＥ（経験に基づいて得た知識を証明する手続き）という資格を与えられるのだ。

学歴より「何ができるか」を問われるフランス

わたしはフランスでジャーナリズムのマスター（修士）を受けてはいないが、15年間、ＡＦＰ通信に勤め、ジャーナリズムのマスターをとった学生と同レベル、あるいはそれ以上のレベルになったと自負している。一時期、この資格をとることを検討したが、コロナ禍で手続きが難しくなり、とりやめることにした。

こうした資格システムがあると、もっと勉強しようというモチベーションになる。学校に行けなかった人でも後から修正できる道があると知れば、がんばれるのだ。特に移民の子どもは、中学や高校を卒業後、就職することも多い。でも本人が希望すれば、後から道を変更できる。

こうした学歴偏重でない社会もフランスの美点だ。より学歴重視の社会だったら、わたしは記者にならなかったはず。仕事では学歴よりも「あなたは何ができるのか」を問われる。AFP通信に採用されたとき、フランス人の支局長は「記事を書けるか、書けないか」でわたしを判断した。3人が同じテーマで記事を書き——ほかの2人は大学でジャーナリズムを勉強していた——支局長はわたしを選んだ。即戦力を求められるのだ。

年齢や学歴は気にせず、実際に仕事ができるかできないかがすべて。ちゃんと仕事ができたら、若い人が上司になってもいい、という考え方だ。大学では基本的な知識を学ぶが、学んだことと実際に仕事ができるかは別の話。

もちろん職種にもよる。弁護士だったら大学で勉強したことがより重要になるけれど、同じくらいスピーチのうまさも重要だ。

フランスの学校は宿題禁止

フランスでは書く宿題が禁止されている。小中学校でも高校でもすべて禁止だ。しかもフランス国民教育省の省令で1956年から適用されている。

わたしが子どもの頃は宿題があたりまえのように出されていたので、法律で禁止されているとは思ってもみなかった。細かく法律を見ると、書く宿題は禁止だが、読む宿題と覚える宿題はOKだ。とはいえ、多くの先生は何食わぬ顔で書く宿題も出していた。

今、気づいたことがある。

わたしはあまり宿題をしない子どもだったため、それを見かねた父が「もっと強く宿題をするように言ってください」と先生に頼んだとき、「いや、大丈夫ですよ」と先生は決まって笑顔で答えるのだ。

なぜ先生たちがそういう態度だったのかようやく腑《ふ》に落ちた。違法であることを知っていたために強く言えなかったのだろう。

夏休みや冬休みなどの長期休みには宿題がない。個人的に勉強することはあっても、学校から宿題が出されることはない。

母は、休み中にも少しは勉強したほうがいいと考えるタイプで市販の問題集を買ってきたため、わたしには宿題があったのだけど。

日本の小学校に通う息子は、1学期の終業式になると夏休みの宿題セットをもらって帰ってくる。その内容は充実していて、宿題のマルつけをするだけで2時間もかかってしまった。

フランスでは考えられないことで、もしそんな宿題セットを持ち帰ろうものならクレームを入れる親が続出することだろう。

第3章

なぜ
フランスの子は
「違う意見です」が
言えるのか

「議論」できる子どもって?

フランスの教育の強みは、アドリブのできる人を育てること。ここは重要なポイントで、アドリブができることは「議論」ができることでもある。

議論とは意見を論じ合うことだ。日常の会話とは違って、思考を論理的に組み立てる必要がある。討論とも言う。

議論することは、互いを批判し合うことではない。批判に批判で返したら——今の世界はそうなりがちだが——ただのケンカになってしまう。自分の意見があって、他人の意見がある。それを表現し、やりとりすることが議論だ。

議論では、相手の言うことが事前にわかるはずなどない。何を言われてもそれに答えられること、それがアドリブなのだ。

フランスの学校ではアドリブを学ぶ。トレーニングせずにアドリブはできない。アドリブといっても、ある程度パターンは決まっている。いろいろなパターンを知り、それらを駆使していかにうまく答えていくかが肝心だ。

わたしはときどきオンライン講演をしているが、そこでもいろんな質問が飛んでくる。なかには「困ったな」という質問もあるけれど、その場でどう答えるかはアドリブ次第だ。

わたしが日本の政治家に感じた疑問

わたしはインタビューをするのが仕事だ。

政治家や専門家へのインタビューも多い。こちらが質問したとき、決まったパターンで答える人、事前に質問内容を伝えておかないと答えられない人が意外と多いことは気になっている。記者会見での受け答えを見ていると、アドリブの弱さを感じる。

日本の政治家は圧倒的にトレーニングが足りない。

そもそもわたしが記者会見に出席する際、「どんな質問をするつもりですか」と事前に問われるのだ。想定質問がないと答えられないのだろう。わたしが「大臣ですから答えられるはずです」と言うと、「大臣はそれほど細かいことは知らないから」と返ってくる始末。わたしは一度、記者会見で「もし隣の方（官僚）のほうが詳しいのでしたら、その方からお話しください。大臣の言葉はいりません」と言ったこともある。

官僚たちは常に分厚いファイルを抱え、質問内容に応じて大臣にパッとメモを渡す。時にメモが質問内容と合わず、ピント外れの答えになる。すると、わたしのような記者は、「その答えは質問と合っていません。質問に答えてください」と詰め寄る。すると官僚はまた目にも止まらぬ速さでメモを渡すのだ。

わたしはあきらめずに「大臣の言葉を聞きたいです」と言うと、官僚はなす術がなくなり、ようやく大臣が自分の言葉で話し出す。

でもその話の中身はほぼナンセンスだ。リスクをとらないよう遠まわしな表現になる。彼らは自分の言葉にも自信がないようだ。

２０２３年５月のＧ７広島サミットには、ウクライナのゼレンスキー大統領が急遽参加した。

わたしは、ゼレンスキー大統領の記者会見に出席して、本当の記者会見とは何か、議論とは何かを改めて見た思いがした。メモはなく、1人で15人の記者の質問を受ける。誰がどんな質問をしてもいい。ちなみにG7の期間中、ゼレンスキー大統領以外で各国首脳の正式な取材の機会はほぼゼロだった。

討論しない「日曜討論」という番組

NHKの「日曜討論」を見ることがあるが、そこで「討論」がおこなわれることは稀《まれ》だ。参加者がそれぞれの意見を述べるだけだ。司会者は「はい、わかりました。次は◯◯さん」と順に指名していく。

たとえ選挙前でも、それぞれの候補者の一方的な話が続いていく。討論するのがそんなに不安なのだろうか。

ある参加者が目の前に座る大臣を強く批判したときも、司会者は「このことに対して批判がありましたが、どう思いますか？」と発言をうながすことはあまりしない。意見の違いまで踏み込むことはないのだ。当の大臣は、「たしかにそれは重要なことです。重く受け止めます」と議論を終わらせる。すべてその調子だ。

本来、議論（討論）とは、相手の意見をよく聞いて、それに対する自分の意見を表明することだ。順番に意見を言っていくことではない。相手の意見を自分の中にとり入れ、それに対して何を思い、なぜ相手の意見と違っているかを話す。

ベースになるのは相手の意見なのだ。相手の意見に反対することは、相手にケンカを仕掛けることだと思っている人もいるが、そうではない。議論とケンカの区別がつかなくなっているのだ。

電車に乗っていると、隣りの人と目を合わさずに会話している日本人が多いことに気づく。目を合わせないことで険悪な雰囲気を避けているのかもしれないが、こと議論とは相手を見ながら話すことだ。たとえ反対意見でも、まっすぐ相手を見ながら話す。

フランスでは毎朝ラジオのニュース番組に、大臣か、場合によっては大統領が生放送で出演する。

事前に質問内容が伝えられることはなく、もちろん全員、自分の言葉で話し、議論もする。リスナーからの質問もある。それにその場で答えなければいけないし、「わからない」とは言えない状況だ。答えなかったら、「あなたはなぜ大臣になったのですか」と追及されるだろうから。

「重く受け止めます」

「よく検討します」

こういった決まった表現はとても便利だが、便利すぎて想像力が育まれない。決まった表現しか使えなければ、議論の力も身につかない。もっと自由に表現を選ぶトレーニングが必要だ。

メールの文頭にある「お世話になっております」もそうだ。わたしはできれば別の書き出し方をしたいのだが、相手に失礼になってしまうのではないかと不安がある。フランス語のメールでは相手によってまったく異なる表現を使う。決まった表現は、自由な表現を阻害してしまうのだ。

議論のファーストステップは情報収集

では、学校でどのように議論を学ぶのかを見ていく前に、議論を学ぶ意味に触れておきたい。

フランスでは、議論を学ぶ意味を次のように定義している。

「学校は議論を教育の基礎にしなければならない。なぜなら『代表制民主主義』の制度は、効果的な議論を通じてのみ命を帯びる。『議論の仕方を知る』ことは教育における重要なスキルである」

議論するには情報収集が最初のステップだ。知識があればあるほど議論できるようになる。カフェでの気ままなおしゃべりとは違い、学んだことをどう利用して意見を述べるかがポイントなのだ。

目的は意見交換だ。何に基づいた意見なのか、その根拠はどこにあるのか。データであったり読んだ本であったり、あるいは聞いた話であったり、あらゆる経験であったり、自分が収集した情報をもとに議論をする。

情報を集める過程で、疑問点をあげ、考えを深めていく。単に「わたしはこう思っている」と主張するのが議論ではないのだ。

また、議論を学ぶ目的は、優れた営業マンや宣伝マンをつくることではない。完璧なサラリーマンを育てることでもない。

何かを学ぶ過程で、議論しながら新しい発想や考えを生み出していくことが目的だ。人間は働く生き物であるだけでなく、考える生き物だ。どのような人間を育て、どのような社会を目指していくか。もっと高い目標を設定しなければいけない。それが教育なのだ。

ただその点で、今、2024年の日本政府が考えている教育はどうやら違うようだ。やや厳しい言い方をすると、よい日本人、つまり従順な国民をつくることが教育の目標・役割だと考えている気がする。

議論できる人とは必ずしも言われたことに従う人ではない。議論できる人は言われたことの根拠も知りたいタイプであるため「動かしやすい人」ではないからだ。

日本の社会は、いくら真っ当な理由があってもルールに従わない人は〝迷惑をかける人〟に見えてしまう。

わたしからすると意味のない、公平ではない、根拠のないルールに何も言わずに従うほうが悪だと感じる。議論の力でその状況（ルール・命令）を変えることができると思っているからだ。

フランスの学校では、教科を問わずあらゆる授業の中で議論がおこなわれる。特に国語の授業では表現することを学ぶため、議論がよく用いられる。

小説にはいろいろなテーマがあり、その中で興味のあるものを選んで議論する。たとえば、ヴィクトル・ユーゴーの小説には貧しい家庭がよく登場するが、それを題材に「貧しさ」をテーマにして議論することもある。

自分が読んだ内容をどう考え、どうまとめて説明するか。他の人の意見はどんなものがあるか。読んで、聞いて、書いて、話すことを上達させるために議論をする。

学校の先生は、議論とおしゃべりとは違うことを強調する。先生は教室における議論の司会者となり、ケンカにならないよう場を調整しながら進めていく。

なぜフランスでは「違うと思います」が言えるのか

家でも学校でも社会でも子どもたちはルールを学ぶ。厳しすぎるのは不憫《ふびん》だが、ある程度決まったルールがあって、この家族、このクラス、この社会が維持されることを知っておくことは大事だ。

問題は、そのルールが間違っていた場合である。

その校則はなぜそのようになっているのかとロジックで考えず、決められたルールに従ってしまう。日本ではルールから外れた「例外」に対応するのが不得手のようだ。

例外に対応しないのは、自分で責任をとりたくないという気持ちが潜んでいることもあるように見える。

責任《リスク》をとることに慣れる

責任をとることは、リスクをとるとも言い換えられるだろう。

自分の意見を言うと、もしかしたら反対されるかもしれない。あるいは間違ったことを言う可能性もある。そこには必ずリスクがある。

でも、それを承知で責任をもって言うのだ。なにも自分の意見に固執するという意味ではない。議論が進むと、相手の意見によって自分の意見が変わってくる可能性もある。

しかしながら日本では、自分の意見はリスクがあるために言わない。大人でも子どもでもそうだ。

何事も摩擦が発生するリスクを避ける。自分で決めたことをせず、言われたことをするだけなら、リスクは発生しない。

もし問題が起きたら、言った人の責任、ルールを決めた人の責任になるから。「自分で決めたのではないから責任はない、そのとおりやっただけだ」と逃げることができる。

たとえば、駅のホームには足形のマークがある。皆、そこに合わせて並んで電車を待つ。もしかしたら、そこで待つことに問題があるかもしれない。天候や状況によって不都合が発生するかもしれない。

でも足形のマークのところで待つというルールだから、そこで待つ。こうしたリスクをとらない態度こそリスクになるとわたしは思う。「リスクをとらない＝責任逃れ」によって、冤罪《えんざい》事件をはじめとしたさまざまな問題を生み出している。

フランスの学校では責任をとることを学ぶ。

「あなたは決められたルールより自分が考えたやり方のほうが正しいと思っていますか？」と先生が質問をする。「はい、思っています」と子どもが答えると、「じゃあ、あなたの思うようにやってみて」と先生が後押しする。

責任を覚えさせるためにあえて危険なことをさせるのはナシだが、先生はリスクを考えたうえで子どもにやらせるかどうかを判断する。

日本の学校でもルールについて考えさせ、「じゃあ自分の考えたとおりにやってみてください」とうながせばいいと思う。既存のルールを守ってばかりいると、自分で責任をとることを覚えられないからだ。

ルールのよしあしを考えず、ただルールどおりに行動していると、予想外の出来事に対するアドリブ力も育たない。責任をとることを覚えなければ、責任を回避することばかり身につけてしまう。

フランスの教育で重視されるのは、言われていることは事実ではないかもしれない、と疑うことだ。

「これは本当なのか」

「もしかしたら問題があるのではないか」

このように考えてから判断する。

そのまま信じてはならない――これは「我思う、ゆえに我あり」で有名な哲学者、デカルトの考え方でもある。よってフランス人は、「デカルトの子孫」と自分たちを呼ぶことがある。

とあるフランス人高校生の投稿

例外はあるけれど、フランスでは先生に指摘することがよくある。時に先生は意図的に間違えたことを言って、誰かが気づくのを待っている。誰も気づかなかったら、もう一度言ってみる。

そうやって自分で調べること、分析することを学校で学ぶのだ。

学校の先生の言葉を何度も指摘したことのあるフランス人の高校生がインターネット上でこんな示唆のあるアドバイスを投稿した。

象徴的な例だから紹介したい。

「先生が間違っていたら、ぜひ正してあげてください！　先生はきっとあなたに感謝するよ。では、どうすればいいのか。相手と向き合って間違っていることを伝えなければならないので口頭表現の練習にもなる（対立を好まない内気な人には難しい）。間違うことは自分の弱点を教えてくれるし、自分自身に対して疑問を抱かせてくれる。最後にもう1つ覚えておこう。年齢、地位、職業に関係なく、わたしたちはみな間違いを犯す権利を持っている！」

フランスの子は先生に「文句」が言える

安心・安全・安定を目指してリスクをとらないことが、今の日本の大きな問題だとわたしは思う。

学校の先生はあまり自由がないため、決まった教え方で教えることになり、自分らしい教え方をするとクレームが入るリスクがある。そのリスクをとれない環境になっている。

また、上下関係を気にしすぎる社会でもある。

大人だから正しい、先輩だから正しい、といった考え方が日本にはまだ根強くある（改善されつつあるようだが）。学校では「先生だから正しい」とされている。授業では先生からの一方的な話が多いため、先生が言うことは正しいという前提がなければ始まらないほどだ。でも、必ずしも先生が正しいとは限らない、と子どもも理解しておく必要がある。

「ん？　先生の言っていることおかしいな」

こう思っても、子どもは怖くて言えないかもしれない。もし子どもが指摘したら、なかには反発されたと感じ、不機嫌になる先生もいるかもしれない。だからこそ、「言いたいことがあれば言っていいよ」という環境を先生が率先して作ることが大切だ。

フランスでは、大人だから正しいという考え方はない。子どもは自分の意見を大人に言える。「あなたの言っていることはおかしいです」と直接ぶつけてもいい。子どものほうが強いケースもあり、必ずしもよい見本になるわけではないが、先生と生徒の間に議論があるのは望ましいことだ。先生はきちんと根拠まで言わないといけないと思っている子もいる。

また先生も、違う意見が出てきたら「なぜそう思いますか？」と必ず子どもに問う。反対意見があればあるほど議論がおもしろくなると考えている先生も多い。むしろ先生が言ったとおりの意見しか出てこなければつまらないと考えている。日本では「先生の言うことを聞く子」はいい子とされるが、それでよいのだろうか。

ただ、じつはフランスでもすべての学校ではないが、最近は少し事情が変わってきたようだ。

子どもたちの人種も文化も多様になり、意見にも多様性が生まれ、時に議論がケンカにつながってしまう。親からクレームが出てくるのではないか、と議論することに抵抗のある先生も出てきたという。

日本の学校で先生があまり議論をしないのは、時間厳守という理由もあるのかもしれない。45分授業の中でめいめい自分の意見を言って収拾がつかなくなったら困るからだ。子どもたちも、本当は意見を言いたいけれどもう3人がしゃべったからやめておこうとするかもしれない。時間を意識しすぎて、発言が制限されてしまう。

学校と社会は、別世界ではない。

フランスの社会は時間どおりに物事が進むことをあまり重視していない。学校の授業も多少ずれこんでもいいと考えている。時間を守るのはよいことだが、デメリットがないわけではないのだ。

「5分遅れてもいいよ」

先生がこんなふうに言えば、子どもたちはもっとのびのびと表現できるかもしれないのだから。

3歳からのやりとりで議論の下地をつくる

学校で議論を学ぶことは大切だが、議論は学校に通う前、つまり未就学のうちから生活の中で学んでいく。子どもは3歳になる頃には言語能力が発達し、交渉することができる。もっと幼いときには言いたいことを言えずに泣いてしまう子も、3歳を過ぎるとどんどん言葉が出てくる。意外と小さい子どもでも意見を言ったり理由を言ったりすることができるのだ。

親子で意見が合わないときは、親はきちんと理由を説明する必要がある。「あなたが1人で歩くのをママが反対するのは危険だからよ」と。説明することは親にとってラクではない。黙って「こうしなさい」と言うのが一番簡単だが、それは子どもにとってよくないこと。時間がないときは「ダメ」で済ませたいけれど、やはり話し合うことが肝心なのだ。

そういうやりとりを子どものうちにしていると、その後、学校でも大人になったときも意見交換ができるようになる。

フランスの学校が教えるノートのとり方

わたしが記者になってとても役立っているのは、学校でノートのとり方を学んだことだ。記事を読むとき、会議に参加するとき、記者会見に出たとき、メモをとることで話の重要なポイントがすぐわかる。

リアルタイムでしゃべっていることをすべてメモをとるのは不可能だから、じっと聞いてポイントだけメモをとる。メモをとるには瞬時の判断力が必要だ。トレーニングすればするほど、何かを見たとき、聞いたとき、何がポイントかを判断できるようになる。すると、メモをとらなくても話のポイントがわかるようになる。

ノートのとり方を教えるのは小学6年生から始めるとよい、とフランスの教員の指導書にはある。低学年の間は遊びながらノートを使い、高学年になるにつれてきちんとしたノートのとり方を教える。その際、次のようなステップを参考にするとわかりやすい。

1　スピーチを動詞を使った短い文に変換する。
2　単語を短くする。新しい略語を覚えておくためにリストに記載する。
3　さまざまな記号（矢印、罫線、星、稲妻、数字記号）などを導入する。
4　ページやスペースを整理し、ポイントに優先順位をつける。
5　授業の最後にメモを整理する時間を確保する。

これらを念頭に置きながら、先生の話の重要ポイントはどこか、何をノートにとるかを考えながら書いていく。日々の授業でトレーニングしていくのだ。

日本の学校ではそのトレーニングの機会がないのではないだろうか。そう感じたのは、記者会見で多くの記者が話し手の言うことをすべてメモしているからだ。なかには話し手が「こんにちは」と挨拶するところからメモをとっている人もいる。

これには2つの理由があると思う。

1つは、若い記者だった場合、記者会見の内容を上司に伝えるためすべて書いておかなければと思っていること。上司から「なぜ一部しかメモをとっていないのか」と怒られる可能性もある。そんな彼らの目的はすべてメモをとることだ。

もう1つの理由は、その場で「これは必要」「これはいらない」と瞬時に取捨選択できないからという可能性もある。念のために全部書いて、後でもう一度読み返して重要ポイントをとり出すことが目的なのだ。

そうは言っても記者であるならば、その場で重要ポイントを聞きとることが大切だ。重要ポイントがわからなければ質問ができないからだ。聞くこと、書くこと、質問を考えることを同時進行するのは難しい。

ただ日本の記者会見では、事前に質問内容が決まっているため、すべてメモしても特に問題にならないことが問題だ。若い記者は記者会見の前に上司と相談して質問内容を決めるのだろう。

そして決めた質問は何があっても質問する。すでに他の記者から同じ質問がされていても、

「確認ですが、改めてお聞きします」

と前置きし、質問する。上司に「なぜ質問しなかった」と責められるおそれがあるから

だろう。

同じ質疑応答が2回3回と繰り返されることは時間のムダにほかならず、貴重な記者会見がこうして費やされていく。一方で、ベテラン記者の中には一切メモをとらない人もいる。

ともあれ、話の重要ポイントを聞きとることがいかに必要か、おわかりいただけたと思う。

記者の仕事に限らず、どの仕事でも同じだ。いや仕事に限らず、文章を読むときも、誰かと会話するときも、何が重要かを聞きとり質問する。これがコミュニケーションなのだ。

挙手はハンドサインで

息子のクラスは授業でハンドサインを使っている。手をあげるとき、3つのサインで意思表示をするのだ。

1つめは「同じです」、2つめは「違います」、3つめは「追加します」の意味がある。

息子は首をかしげながら、こんなことを言う。『違います』のサインは自分しか使っていなくて、みんな『同じです』のサインを使う」と。

たとえば、国語の授業で、「きつねが走る」か「きつねは走る」かを問われたとき。ひとりの子が「きつねが、だと思います」と答えると、次の子も、また次の子も「同じです」と続くのだという。

息子は「いや、わたしは『は』だと思います」と答える。間違っているかもしれないけ

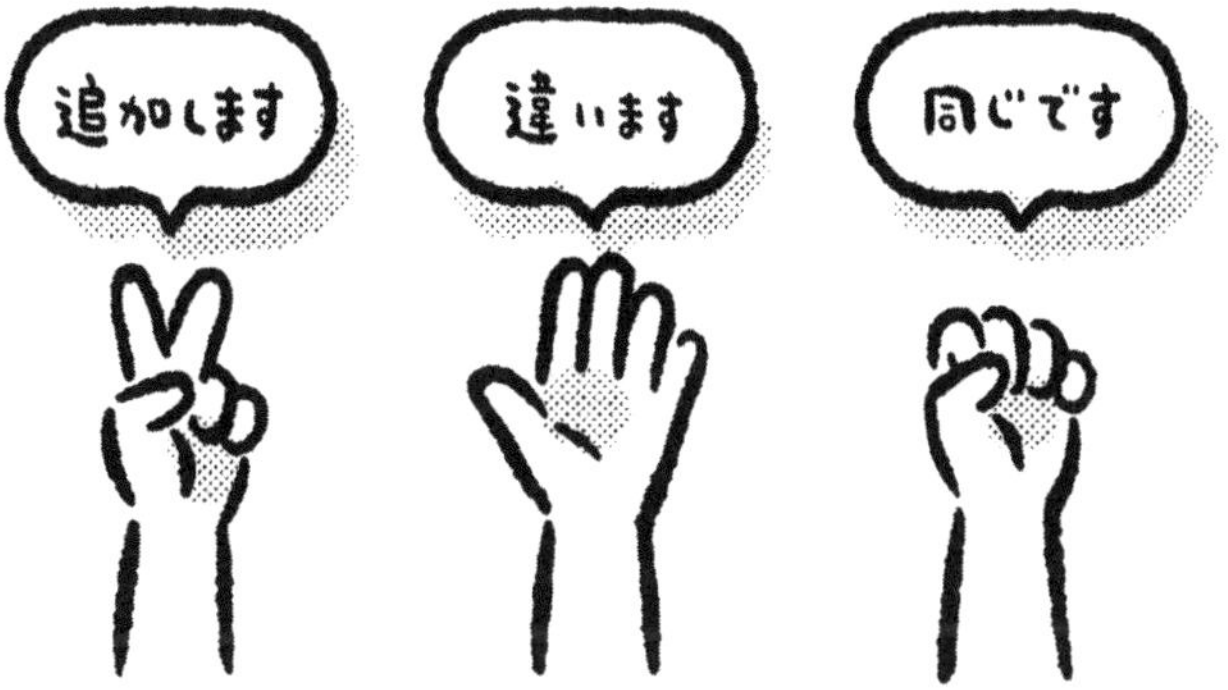

れど、自分が考えていることを言う。

ほかの子に同調するのは必ずしも正しいことじゃないと思っているのだ。

そこで隣の子に「なんで『同じです』と言ったんですか？」と聞いたところ、「そのほうがラクだから」と返ってきたという。

みんなが「同じです」と言うなかで「違います」と言ったら、先生は「なぜですか？」と聞くだろう。すると理由を言わなければならず、たしかにラクじゃない。

でも、自分が考えていることがほかの子と違ったら、それを言うべきなのだ。

わたしは息子の話を聞いて、驚いたのと同時にうれしかった。

ちゃんと意見を言えることは、わたしが

まさに望んでいることだからだ。

「もしママが言っていることと違うことを考えていたら、ちゃんと話してね」と日頃から伝えている。

その言葉を覚えているのかはわからないが、学校では迷いなく「違います」のハンドサインを使っているという。もちろん同じ意見だったら「同じです」を使うけれども。

違う意見があったほうが議論は活発になるのだ。

もしも「違います」を息子しか使っていなかったとしたら、ハンドサインは果たして必要なのだろうか。

なぜ、コロナを授業の題材にしないのだろう

日本では、時事的な話題を授業でほとんど扱わないように見える。大きなニュースが報じられていても、学校では何事もなかったかのように通常どおりの授業をする。わたしはこれに疑問を持っている。

たとえば、選挙があったらそれについて話す。災害があったらそれについて話す。授業が始まる前に、「みんなおそらくテレビで見たと思うけれど、熊本県はまた大雨で被害が出ています。どこで起きてもおかしくないことだから……」と切り出せばよいのだ。

学校は社会の一部だ。

社会で起きていることは、自分の生活にも影響を与える。子どもも社会の一員という意識を持つことは、フランスではとても重視されている。

新型コロナウイルス感染症は、自分の経験、親の経験、さらに祖父母の経験を含めても初めての出来事だ。3世代にわたって誰も経験していない100年に一度の異常事態。1918～1920年のスペイン風邪以来だ。

歴史の中にいるということ

わたしたちが経験していることは歴史に残り、まさに100年後の教科書に載ることだ。歴史で初めて、ほとんどすべての国際線の航空機が飛ばず、多くの人がリモートワークをした、かつてないことが起きた。

この新型コロナウイルスについて、学校ではどのくらい話をしただろうか。「三密を避けよう」などではなく、ウイルスそのものについての話や、社会にどのくらいの影響があるかという話を。

まわりに聞くかぎりでは日本の学校ではあまりしなかったようで残念だ。

もしわたしが先生なら、「国語は明日やりますので、今起きていることについて話しましょう」と提案するだろう。国語の教科書は明日になっても内容は変わらない。今起きていることを話すほうがより勉強になる。

たとえばコロナウイルスの話をしながら「感染」という漢字を学べる。3年生で習う漢字だから2年生では書かない、と決めるのではなく。必要なときにこそ、知識は頭に入るのだ。「シュウソク」という漢字が「収束」と「終息」の2つあるとか、それぞれ使い方が違うことも、学年に関係なく覚えたらいいだろう。漢字を知っていると、親が読んでいる新聞の見出しを読めるようになる。それは大きな学びのプラスになる。

ウイルスをテーマにした小説もたくさんある。中学生ならカミュの『ペスト』は読めるだろう。自分たちが今まさに経験しているテーマが描かれているため、普段より2倍3倍の関心を持てる。

息子はよく国語の教科書の音読をしていたが、なぜウイルスに関する物語を読まないのかと思っていた。やはり子どもたちはウイルスを気にかけている。学ぶことでウイルスの怖さが和らぐこともある。

ウイルスは今、どんな状況なのか。世界の国々について学んでもいい。その国はどこに位置するのか、人口はどれくらいなのか。あるいは、１００年前のスペイン風邪と比べて何が変わったかを話してもいい。医療でいかに治療できたのか。それでもなぜこんなに死者が出るのか。

経済についてもよい題材になる。なぜウイルスは1か所から出たのに2〜3か月で全世界に広がったのか。世界ではどれくらいの飛行機が飛んでいて、どれくらい人やモノが運ばれているのか。

算数や数学の題材にもなる。1人が感染したら何人に感染するのか。いろいろな計算方法を学べる。

ワクチンの開発の仕方も小学生、中学生には関心があるのではないだろうか。自分たちが経験していることは、学ぶ意欲が高まっているテーマだ。

家でもニュースでも「コロナ、コロナ」と騒いでいるにもかかわらず、学校の授業でまったく話に出ないのは不自然なことだ。まるで学校と社会が分断されているかのよう。普段と異なる状況にいながら、普段どおりの授業をするのは、むしろ子どもが混乱するのではないだろうか。

「子どもっぽい態度」とは？
——フランスで評価されるのは「議論する子」

フランスで「子どもっぽい態度」とは何か。

それは自分の意見を言わないことだ。意見を言うことで相手が気分を害する可能性もあるが、思っていること、考えていることは伝えるべきで、それが大人だ——という考え方がある。

ところが日本では、自分の意見を主張することが「子どもっぽい態度」とされてしまう。自分の意見をもとに議論しないことをよしとする態度は、世界的に見てもユニークだ。

議論することは危険とされてしまうと、あらゆる問題を避けて通るようになる。たとえば日本で死刑制度への議論がほとんどないように。政治や宗教についても触れないという態度こそ「大人っぽい態度」とされる。

とはいっても日本人が政治やニュースに関心がないわけではない。新聞やニュースをよく読んでいるし、知識も豊富だ。ただ、それを活用していないと感じる。「どう思う?」と聞かれたとき、答えないのは非常にもったいないこと。読書も個人の趣味、個人の勉強止まりになってしまっている。

わたしが以前、テニスクラブに通っていたとき、ある日本人に声をかけられた。20代後半くらいの女性で、X(旧ツイッター)によってわたしが記者であることを知っていた。自然と政治の話になり、彼女はとても喜んでいた。日本人でも政治の話をしたい人は多いのだ。外国人は政治の話が好きだとわかっていたため、安心して話せたのだろう。

やはり勉強したことは話したいのだ。人に話すのは不安があると我慢している人もいるかもしれないが、そこを乗り越えていく必要がある。まったく問題がない社会ならともかく、今は社会問題、政治の問題が山ほどある。自分が関係していること、経験していること、考えていることは言わなければ始まらない。

わたしは日本人と政治の話をするとき、ちょっと話して相手のリアクションを見る。それでどのくらい興味があるか、なんとなくわかる。政治の話というより、まず社会の話から切り出す。そうすれば自然に政治の話につながっていく。

SNSで自分の意見を発信してみてもいいだろう。

思想に偏りのある人びとが寄ってきて議論が終わることもあるが、本来、議論とはぶつかり合いだ。自分の意見を強く打ち出さないといけない。うやむやにして引っ込めてしまうのではなく。社会問題は議論すればするほど、いざ目の前に問題が立ちはだかったとき、対応できるようになる。

大人も子どもも、みんな政治の話をしない

学校でも職場でも家でも政治の話をしないと、今後、投票率はさらに低くなっていくだろう。

年代別投票率の推移を見ると、やはり若者の政治離れが顕著《けんちょ》だ。もちろん政治の話ができる若者もいるが、最近会った若者は「投票に行ったことがない」「どうやって投票するのかわからない」と言っていた。「それぞれの政治家や候補者の政策を見る時間もない。だから投票しない」「どうせ投票してもしなくても変わらない」と。

年代別投票率の推移

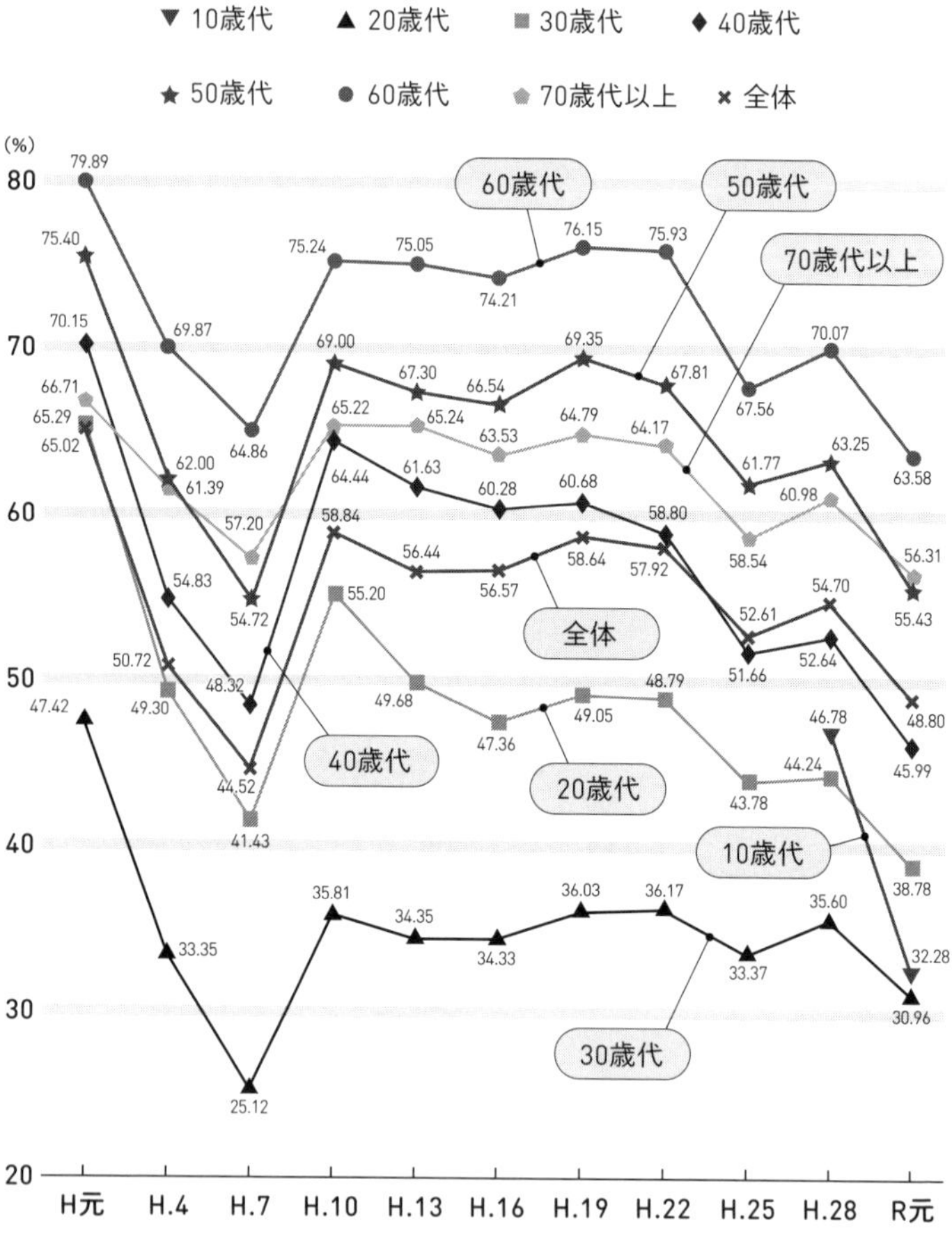

総務省 抽出調査より

やはり、学校でいかに投票する権利が重要であるかを学ぶ必要がある。世界の一部の国では投票権がなく、日本など投票権のある国をうらやましく思っている。投票権は民主主義の基本なのだ。学校で民主主義については勉強するものの、具体的な政党や投票については絶対に触れない、話さないという態度はよくないと思う。

日本の政治の特徴は1955年から多くの時期、自民党が第一党として政権を維持していることにある。

93年に衆議院選挙で自民党が惨敗し、非自民・非共産8党の連立政権である細川内閣が誕生したが、94年に自民党が連立政権の一翼として返り咲いた。2009年には民主党による政権交代があり鳩山内閣が誕生したが、2012年には自民党が再び政権（公明党との連立ではあるが）を奪取し、現在に至る。

この一党支配に近い体制は、他の民主主義国家に比べると非常にめずらしいことだ。学校でまずこの説明をしなければ、日本の政治の歴史はつかめないだろう。先生自身の政治的思想とは関係なく、こういう体制があって、こういう考え方があると勉強することは大切だ。

もしかしたら日本の政治家は、「考えない人」を作りたい気持ちがあるのかもしれない。

代わりに「よい日本人」、つまり疑問を持たずに言われたことに従う日本人を作りたいのかもしれない。たとえば自民党の麻生太郎議員はくり返しこう言っている。

「政治に関心を持たなくても生きていけるというのはよい国です。考えなきゃ生きていけない国のほうがよほど問題なんだ」（三重県桑名市内の講演で。２０２２年7月1日　朝日新聞デジタル）

これは、とんでもない発言だ。若者に対して、「あなたは政治のことなど考えなくていい」と言っているのだ。

結果的に若者は、投票とは何か、自分の票にどれだけの価値があるのかを考えなくなっている。意図的に、「よく働き、稼いだお金を使って経済を回そう」という単純な考えを植え付けようとしているのだ。

フランスでも、政治について話すことに抵抗のある先生はいる。ただ抵抗を乗り越え、教師の立場で話をするにはどうすればよいのか、自分の意見や政治的思想を出さずにどうやってクラスで議論するかを先生が学ぶべきだろう。不安だから話をしない、という選択をとってほしくない。

意見が違ってもリスクがあっても議論をあきらめない

フランスではどこでも誰とでも政治の話をする。5年ごとの大統領選では、知らない人とも必ず大統領選の話になる。カフェで議論が盛り上がったり、お酒が入ると声が大きくなってケンカに発展したりすることもある。

フランスでは、2023年1月から年金改革に反対するデモが盛んだ。それも激しい議論のテーマになっている。

政治の話をすることは、まったくリスクがないわけではない。わたしは最近、大使館に近い人と食事をした。マクロン大統領の話になり、こういう政策はやめてほしいと批判をした。相手は政権に近い大使館関係者なので、ある意味リスクはあるが、その人もわたしと同意見だった。

投票は自分で決めること。他人に合わせて投票するわけではない。自分が正しく、あなたは間違っているという態度はよくないが、相手と意見が違っていても問題ない。自分の意見とその理由を説明し、相手の意見に耳を傾ける。お互いに相手の意見を尊重して議論する。

わたしの意見はフランスに住む家族の意見ともまったく違う。電話するたびに政治の話になるが、意見が違っていても関係が悪くなることはない。

わたしはどちらかというと政権に批判的な左寄りだが、経営者である姉はマクロン大統領に近い右寄りの考え方だ。姉はわたしの意見を喜んではいないと思うが、それでもかまわない。

友達ともその感覚だ。みな同じ生活をしてはいないので、同じ意見になるはずがないのだ。自分の経験に基づいて自分の意見を形作る。「あなたは間違っている。あなたの意見は変えたほうがいい」と強制しても意味はないのだ。

日本では論破することが議論だと思っている人もいるようだ。その考え方はフランスではあまり尊敬されない。議論は勝つためにするものではないのだ。ただ、マクロン大統領にはややその傾向があるのだけど。

夫婦のいつもの会話が子どもの教科書

わが家では食事をしながら、いつもニュースの話をしている。子どもは親の会話を意外とよく聞いていて、よく覚えている。

たとえば、ナオが4歳のとき、テレビでマクロン大統領を見た。おそらくマクロン大統領が当選した直後の頃だ。マクロン氏の顔が映されるやナオは「これはママが好きな人でしょう?」と言った。さらに右翼のル・ペン氏の顔を見つけると「これはル・ペンだよ」と名前を呼んだ。

ちなみに、当時はマクロン氏が提案した公約の中で気に入ったものがあり、他の候補者を支持するのは難しいと思ってマクロン氏に投票した。その後、当選したマクロン大統領はわたしが望んでいた政策の真逆の方向に向かっていることがわかり、意見が変わった。

ナオはニュース番組を見るのも好きだ。

「あっ、パパとママが言っていたことだ!」と単語を聞きとったり、自分なりに意見を言ったりする。フランスの大統領やアメリカの大統領、いろいろな国の旗もニュースを通して覚えた。

必ずしも子どもに直接教えなくてもいい。普段の会話の中で、子どもは情報を受け取って勉強するのだ。すると自然に会話に参加するようになる。だからこそ、どんな話をするか、親は注意が必要だけれども。

誰かについて悪口を言っていると、子どもが実際その人に会ったときに大変なことになるかもしれない。子どもの能力は大人が思うより高いのだ。

わたしの小中高校時代

ここでわたしの子ども時代の話をしてみたい。わたしはブルゴーニュ地方のアバロンという街で育った、学校が大好きな少女だった。小学校、中学校、高校のことを思い返すと全部ポジティブなことばかり。苦しかった、大変だったという記憶は1つもない。

わたしは熱心に勉強したくて、いつも一番前の席に座っていた。クラスの議論には必ず参加した。15歳になるとロンドンに行き、戻ってきたら髪型を変えてパンク少女になっていたのだけれども。

選挙に立候補してクラス代表になったこともたびたびある。

クラス代表になると「先生の会議」に参加する。その会議は3か月に1度、放課後に1時間半ほど行われる。はじめに先生が担当するクラスについて「積極的に参加する子がたくさんいて、授業もよく進んでいます」などと話をする。その後、1人ひとりの子どもについて話す。クラス代表はそれを聞き、メモをとる。その後、クラスに戻って会議の内容を報告する役目だ。

こうした「先生の会議」は、生徒が参加せずに物事を決めるのは民主主義ではない、という考え方から来ている。

ティーンの頃から大統領選のポスター貼り

わたしが幼稚園のとき（ジスカールデスタン大統領）と中高校生のとき（ミッテラン大統領）に大統領選挙があった。

先生たちは政治の話をよくしていた。なかでも高校の歴史の先生と国語の先生は政治への関心が高く、大統領選が近づくと、その話題が格段に増えた。

わたしはその先生たちに影響を受けた。もし彼らがいなければ、高校時代にル・モンドの記事をそこまで読み込むこともなかっただろう。あるいは、政治のテレビ討論を大統領選後も見続けることはなかったはずだ。

選挙に向けて、わたしは大統領選の候補者のポスター貼りもしていた。まわりに政治に関心のある高校生は多かった。18歳になったとき、きちんと投票できるよう事前に情報収集することは大事だと認識していた。

当時はインターネットはなく、メディアは新聞、テレビ、ラジオが中心の時代だ。それぞれの候補者のマニフェスト用紙も熱心に読んでいた。新聞の一面、テレビのニュース番組の冒頭には政治の最も重要な話題が取り上げられ、それを読んだり見たりするのは当然のことだった。

父と母は政治に関心はあったものの支援団体に参加するほどではなかったが、わたしは姉と一緒に支援団体でも活動をした。こうして社会のことに自然に関心を持っていった。

大統領選挙という制度は、国民を政治に関心を持たせるメリットがある。自分で大統領を選ぶという、このワクワクする感覚が日本にないのはびっくりした。

総理大臣がどう選ばれるかといえば、一般の国民とはまったく関係のない、党内の選挙と国会でおこなわれる。これが議院内閣制の特徴だ。

こんな授業が子どものモチベーションを上げる

先日、息子の小学校に警察官が来て、子どもたちに交通ルールを教えてくれた。こうした外部の専門家が学校に来るのは、すばらしい取り組みだ。ほかに、消防士や英語のネイティブの先生が来ることもあるが、もっと頻繁にあってもいいと思っている。

フランスでは外部の専門家が来る機会が多い。小説家が来て、自分の小説を紹介することもある。もし学校の先生がその本を紹介したとしても、読書好きの1~2割の子が読むくらいで、ほとんどの子は興味を持たずじまいだろう。でも小説を書いた本人が学校に来ておもしろいエピソードを披露すれば、子どもたちは間違いなくその小説を読むはず。

さまざまな分野でパッションのある人が学校に来て自分の経験を話したら、子どもたちは関心を持ち、学習へのモチベーションも高まるだろう。

たとえば宇宙飛行士が学校に来てＩＳＳ国際宇宙ステーションの話をしたら、みな目を輝かせるだろう。そして、「わたしのように宇宙にまつわる仕事をしたい場合は、算数をがんばろう」と言ったら、たちまち勉強し始めるはずだ。

学校の先生が「勉強しましょう」と繰り返し言ってもまったく効果がないけれど、たった数時間、専門家が話をするだけで子どもたちは驚くほど変わる。どんな分野でもいい。1か月に1回、2時間でも。それはおそらく通常の算数や国語の授業の10時間分にも匹敵する効果がある。

そうすると学校の意味がより明確になる。つまり目的や目標があれば、学校は無意味な場所ではなくなるのだ。将来、何かになりたいと思ったら、まず学校で勉強しないといけないことがわかる。

メディアの授業がネットリテラシーを育てる

今、メディアについての授業がより必要性を増している。10年前にはそれほど必要なかったかもしれないが、今は違う。どうやって情報が報道されているのか、新聞社・通信社・テレビ・ラジオ・ウェブメディア・出版社の仕事とは——。いろいろ学べば、今の世の中で起きていることがわかってくるはず。

子どもによってはYou Tubeで見たことをそのまま事実として受けとめている可能性もある。何が信用できる情報なのかを見極める方法やネットリテラシーは、なるべく小さいうちから教えたほうがいい。

息子はネット検索ができるようになったので、有害サイトにアクセスしないよう閲覧制限をしたところだ。

小1でプログラミングの授業が始まったが、それよりもマスコミについて教えたほうが実社会で役立つのではないか。情報を取り込む力はもはや親の知識を超えているため、プロの指導が必要だ。でもそれを教えてくれるプロが今、ほとんどいない。

フランスでは、マスコミと学校の共同プログラムが盛んだ。たとえばラジオ局の記者が学校で活動し、子どもたちと一緒にニュース番組を作っている。AFP通信からも多くの記者が積極的に学校に足を運んでいる。

わたしも記者として、こうした活動をしたい。

どうやって取材をするか、どうやって記事を書くかを説明すれば、新聞を読むようになる子どもが増えるはず。あるいは記者がどんな仕事をするのか、何が重要なのかを教えることができれば、20年後、記者になる子が出てくるかもしれない。

ただ現状として日本でこうした活動をすることは難しい。

決まっているカリキュラムは「余白」がないため、外部のマスコミの専門家や記者が来たら、一部の授業をストップしなければ時間を確保できない状況だ。ただ最近の子どもの生活を見ると、メディア、インターネット、SNSが大きな影響を及ぼしているのは明らかで、子どもの情報分析能力の向上が必須だと感じる。

日本の学校の強みは基本的知識をきちんと教えていることだが、くわえて分析能力、判断能力なども小学校から育てていかなければならないと思う。インターネット世界は早いペースで変化しているため、教師が知識を更新しつつ子どもに教えていくのは限界があるだろう。外部の専門家の支援が必要だ。

将来、AIや偽情報に騙されにくい大人になるためにも教育は何より重要なのだ。

子どもは生まれつき「多様性」に興味津々

長男のクラスにはアメリカ人とのダブルの友達がいる。その子は授業中、「先生の英語の発音は違います」と指摘する。

それに対して先生は、「あなたのほうが発音が上手だから教えてください」と答える。

その子はみんなの前で発音を披露してうれしそう。もしも「先生の言うことを聞きなさい」とプライドを優先する先生だったら、子どもにとってよい学びは得られなかっただろう。

学校での多様性は全員にとってメリットがある。違う文化を持った子が自分の経験を共有すれば、全員にとって学びの機会になる。「多様性を認めよう」というのは、それが単によいことだからではなく、それによって勉強できるからでもある。

そもそも子どもは多様性を求める生き物だ。わが家の息子は2人とも0歳児から保育園に通っている。次男は明らかにフランス人の顔をしているが、まわりの子どもたちは「フランス人みたいな顔」と言うこともなく、ごく普通に受け入れている。

わたしが保育園で次男にフランス語でしゃべったら、子どもたちは「何、言ってるの?」と興味津々で聞いてくる。「この人おかしい」と思うのではなく、むしろ違いをおもしろいと感じているのだ。

子どもは0歳児から多様性を受け入れている。「違うことは勉強になる」と自然にわかっているのだ。子どもは社会の悪影響を受けていないぶん、純粋な好奇心を向けてくる。

学校を休むことは、時に「人生のプラス体験」になる

家族でフランスに帰省するとき、子どもは学校を休むことになる。

1週間か2週間、おそらく今年もフランスに行くことになるが、それはまったく無駄な時間ではないと思っている。その経験は大きな学びになるだろう。現地でフランス語を学

び、異文化を知る。教科書にあることや事前に決まったカリキュラムから離れ、普通ではない体験をすることが勉強になる。

こうした理由で休んだ子どもに対して「休むのはよくない」という印象を与えないよう注意してほしい。むしろそれがチャンスだという学校側の理解が必要だ。

たしかに2週間学校を休んだら、学習しない期間が生まれてしまうデメリットもあるが、人生として見たら、その2週間のフランス体験のほうがはるかに重要になる。幸い、息子の学校はこの点を理解してくれている。

中国人のクラスメイトは1か月以上、中国に帰省していた。日本に戻って来た彼は、中国についていろいろ語ってくれた。

中国はどんな国なのか、何をしたか、何を食べたか。

そういう経験を語るだけで、本人だけでなくまわりの子も一緒に学びを得た。

彼が中国語で挨拶したら「わあ、すごい」とみんな歓声を上げた。友達の経験は教科書よりも実感を伴うのだ。

マンガの国から来たお友達
――フランスの学校体験

長男が小学5年生の秋、フランスの公立小学校に体験入学をした。

滞在した半日間、担任の先生は算数や国語の通常授業をストップし、「日本について学ぶ」特別授業を用意してくれた。教師の自由な采配《さいはい》はこういうところに表れる。ちなみに、この3週間ほど前、日本から電話とメールでフランスの役所に体験入学の希望を伝えていた。受け入れてくれる小学校が決まると、簡単な手続きをし、晴れて訪れることになったのだ。

フランス人のマンガ人気は高い。日本はマンガとアニメの国と小学生も認識している。息子よりもむしろ、フランスの子どもたちは日本のマンガを熱心に読んでいる。そんな空気もあるためか、息子は大歓迎を受けた。気さくに口々に話しかけてくれて、最初の緊張感も一気に吹き飛んだようだ。フランス語は不自由な息子だが、みんなの前で話をするのは日本の学校よりむしろラクだったという。

日本はどこにあるか、日本語はどういう書き方をするのかを説明する。黒板に息子の名前を書き、次にいろいろな子どもの名前をカタカナで書くと、みな大喜びだ。

日本の学校との大きな違いは、多様性があることだ。髪の色、目の色もさまざまだし、アジア系の子、アルジェリア系の子もいるけれど、息子はそれについて何も触れなかった。ごく自然なこととして受け止めていたようだ。同じく幼稚園に体験入園した次男も、年齢や言語やルーツの違いなど関係なく、一緒に仲良く遊んでいた。

第4章

日本の子は
道徳を、
フランスの子は
哲学を

「道徳」から「道徳科」へ

日本の小学校では2018年度から、中学校で2019年度から、「道徳」が評価の対象とされる「道徳科」という位置づけになった。

そもそも、道徳教育とは何だろう。道徳科との違いは先に説明するとして、文科省が定義した日本の道徳教育の目的は次のとおりだ。

「児童生徒が、生命を大切にする心や他人を思いやる心、善悪の判断などの規範意識等の道徳性を身に付けること」

さらに、「特別の教科道徳編」（平成29年小学校学習指導要領）には、こう記されている。

「（前略）道徳教育においては、人間尊重の精神と生命に対する畏敬の念を前提に、人が互いに尊重し協働して社会を形作っていく上で共通に求められるルールやマナーを学び、規範意識などを育むとともに、人としてよりよく生きる上で大切なものとは何か、自分はどのように生きるべきかなどについて、時には悩み、葛藤しつつ、考えを深め、自らの生き方を育んでいくことが求められる。

さらに、今後グローバル化が進展する中で、様々な文化や価値観を背景とする人々と相互に尊重し合いながら生きることや、科学技術の発展や社会・経済の変化の中で、人間の幸福と社会の発展の調和的な実現を図ることが一層重要な課題となる。こうした課題に対応していくためには、社会を構成する主体である一人一人が、高い倫理観をもち、人としての生き方や社会の在り方について、時に対立がある場合を含めて、多様な価値観の存在を認識しつつ、自ら感じ、考え、他者と対話し協働しながら、よりよい方向を目指す資質・能力を備えることがこれまで以上に重要であり、こうした資質・能力の育成に向け、道徳教育は大きな役割を果たす必要がある。

このように、道徳教育は、人が一生を通じて追求すべき人格形成の根幹に関わるものであり、同時に、民主的な国家・社会の持続的発展を根底で支えるものでもある。

（以下略）」

そして、そこには次のような言葉が並ぶ。

「人間尊重の精神と生命に対する畏敬の念」「人としてどのように生きるべきかなどについて、時には悩み、葛藤しつつ、考えを深め、自らの生き方を育んでいく」「グローバル化が進展する中で、様々な文化や価値観を背景とする人々と尊重し合いながら生きる」。

非常に高い目標を掲げているけれど、実際にどうやって目標を達成するのかは課題だと感じる。

何が変わり、何を教えている？

日本の道徳の教科書を見てみると、「こうあるべき」といったルールがよく出てくる。やさしい人、礼儀正しい人、正直な人という理想的な人物像があり、そういう人になるための態度や行動を教えている。決して悪いことが書かれているわけではないが、フランス人であるわたしから見るとやや疑問符がつく。人間として持つべき価値観というより、日本人として取るべき姿勢ではないかと感じるからだ。

意味がわかりづらいルールを一方的に押しつけているように見えることも多い。社会ルールはもちろん必要だが、「ルールはこうだ」と示すのと同時にその根拠を理解させることが重要だ。

道徳とは人間としての倫理に基づいて「できる・できない」を区別するものであって、基本的にどこの人間社会でも変わらないはずだ。それは道徳的普遍主義と呼び、基本は正義、忠誠心、寛大さ、個人の責任などを指す。これはわたしたちが守るべき理想であり、道徳的価値観に基づいている。

しかし日本で「道徳」と呼ばれている授業は、道徳的価値観と共通点はあれど、それだけではない。

たとえば、小学3年生の道徳の教科書を見ると、「決まりとマナー」の項目が含まれているが、その決まりとマナーはあくまで日本でのものだ。海外に行けば決まりとマナーは変わる。人間として守るべき道徳とはちょっとニュアンスが違い、あくまで日本の国民として守るべき社会のルールを示している。したがって、道徳、さらには道徳科という呼び方には疑問がある。

「正しい日本人」って何？

では、道徳から道徳科になった経緯を見てみよう。

道徳科が提唱された2019年といえば安倍晋三《あべしんぞう》政権であり、その方針転換には政治的な理由があるとしか思えない。安倍元首相はそれ以前から次のような国会答弁をしていた。いかに道徳と「正しい日本人」をリンクさせているかがわかると思う。

「道徳教育は、子どもたちに規範意識や公共の精神、豊かな人間性を育む上で極めて重要なものであり……（中略）これまでの道徳教育は、教師の指導力に差があること、他教科に比べ軽視されがちであること、形式的な指導に偏りがちであることなど、多くの課題が指摘をされていました」（2015年4月9日　参議院予算委員会）。

つまり当時、道徳の教え方はバラバラだったので、もっと厳しく教師を指導し、他の重要な授業と同じく教科書にある決まったパターンで教えるべきだ、というものだ。

わたしからすると、理想的な道徳とは国や宗教を問わず、人間に共通して持っている価値観や姿勢だと思う。

けれど、自民党や自民党への影響力が強い日本会議などは真逆の主張をしている。つまり、彼らが道徳と呼ぶものはあくまで「日本人としての正しい姿勢と価値観」であり、よい日本人ならこうであるべきと説いているのだ。

本来の道徳の目標はどこへ行ってしまったのか。こんなに教師の自由を制限した環境下で、どうやって「よりよい生き方」を目指して議論ができるのか。そこに危うさを感じることは否めない。

フランスの「公民道徳教育」とは
——日本と決定的に違うこと

では、フランスの道徳教育を見ていこう。

道徳科はないけれど、「公民道徳教育」という教科がある。フランス政府は公民道徳教育の目的をこう説明している。

「目的は、生徒が個人的・社会的な生活において、徐々に自律的で責任ある役割を果たせるようになるための適性を伸ばすことである。公民道徳教育は、尊厳、自由、平等、連帯、世俗主義、正義の精神、個人の尊重、男女の平等、寛容、あらゆる差別の禁止といった共通の価値観を伝えるものでなければならない。道徳心と批判的思考を養い、思慮深い態度を身につけさせる。市民としての自覚を高め、個人的・集団的責任を自覚させる」

学習指導要領によると、「公民道徳教育」は４つの分野に分かれている。

1つめは、「感性を養う」。これは自分が感じていることを表現することを学ぶ。相手の話をよく聞き、共感する。他者との差を受け入れる。コミュニティの一員として協力し、行動することも含まれる。

2つめは、「ルールを学ぶ」。これは日本の道徳教育と重なる分野だ。ただし「決められたルールを守りましょう」ではなく、民主主義国家においてなぜルールが必要かを学んだうえで、ルールについて考察していく。またルールと個人の価値観の関係を理解することも学ぶ。

3つめは、「判断能力を養う」。ここでは自分で考える力を育てる。他人と議論しながら、自分の判断能力を高めていく。議論をするには知識が必要だと理解し、どのように情報収集をするか、その情報をどうファクトチェックするかを学ぶ。自分の利益と社会全体の利益がどう違い、どの状況でどちらの利益を優先すべきかを考える。

そして4つめが、「社会に参加することを学ぶ」。責任をもって、社会の中でどう役割を果たしていくか。新しいことを提案し、学んだことをどう実践していくか。まず学校で、そして学校以外でも役割を果たすことを学ぶ。差別についても考える。この4つめは、長男の小学校で1~2年生で学んだ「市民科」の授業とより近そうだ。

日本の「道徳」はどうか。学習指導要領によると、やはり4つの分野に分かれている。

1つめは、自分自身に関すること。善悪の判断、自律、自由と責任、正直、誠実、節度、個性の伸長、希望と勇気などを学ぶ。

2つめは、人とのかかわりに関すること。親切、思いやり、感謝、礼儀、友情、信頼、相互理解、寛容などを学ぶ。

3つめは、集団や社会とのかかわりに関すること。規則の尊重、公正、公平、社会正義、勤労、公共の精神、家族愛、伝統と文化の尊重、国や郷土を愛する態度などを学ぶ。

4つめは、生命や自然、崇高なものとのかかわりに関すること。生命の尊さ、自然愛護、感動、畏敬の念、よりよく生きる喜びなどを学ぶ。

これらを柱にして低学年、中学年、高学年別に具体的な目標が書かれている。たとえば人とのかかわり、特に「親切・思いやり」について、1~2年生なら「身近にいる人に温かい心で接し、親切にすること」、3~4年生なら「相手のことを思いやり、進んで親切にすること」、5~6年生なら「誰に対しても思いやりの心をもち、相手の立場に立って親切にすること」といった具合に。

フランスの「公民道徳教育」と日本の「道徳」の教科書を比べてみると、フランスの教科書にはより論理的な記述が多く、日本の教科書にはより「具体的なルール」が多い印象だ。

低学年の教科書は両国でそこまで大きな違いがないため、具体的な比較例として後ほど、フランスと日本の小学5・6年生相当の教科書を取り上げていくことにする。

非宗教性というフランスの教育の柱

第2章で、フランスでは教育の基本原則に、非宗教性、義務性、無償性があると記した。この非宗教性はフランス民主主義に不可欠な要素とされていて、18世紀のフランス革命（1789～1799年）に由来する。

フランス革命の時期、共和制への従属を拒否し、ローマ法王への忠誠を誓ったカトリック聖職者の多くが処刑された。その後、国家と教会の対立がしばしば起きる中で、1882年に初等教育の義務制および公教育の非宗教性を謳うジュール・フェリー法が成立した。

さらに1905年、いかなる宗教も国家が特別に公認・優遇・支援することはなく、また国家は公共秩序のためにその宗教活動を制限することができることが明記された政教分離法が成立した。

こうして学校教育から宗教が排除された代わりに、国民の精神的支柱を育てることを名目に道徳教育が始まった。

ところが帝国主義の時代を背景に、第1次世界大戦下では、道徳教育の中で愛国が謳われるなど戦争に利用されてしまう。このため、第2次世界大戦以降「道徳」の名称は敬遠されていき、1970年頃には完全に消滅した。その後、「市民教育」などと呼ばれていたが、2008年に道徳という言葉が復活し、現在の「公民道徳教育」になった。

ちなみに、フランスの教育の非宗教性は、しばしば議論を巻き起こしている。1989年に起こった「スカーフ事件」はその象徴的な出来事といえる。

パリ北部の公立中学校でムスリムの3人の女子生徒がヒジャブと呼ばれる頭髪を覆うスカーフを被って登校すると、「学長の再三の注意にもかかわらず、教室でスカーフを外すことを拒否した」という理由で退学処分になったのだ。

また、2023年にアバヤというムスリム女性服（他の服の上に着る長いドレスのようなもの）

が問題視され、公立学校で禁止された。数十人の生徒が新学級の初日にアバヤを脱ぐことを拒否して教室に入れなかった。

こうした問題は何度も議論されたが、もっと大きい問題（たとえば教員不足など）を解決すべきと指摘する親も少なくない。

「公民道徳教育」の授業を参観して

フランスでは主に小学校・中学校で「公民道徳教育」があり、高校3年生では「公民道徳教育」に加えて「哲学」がある。

高校での公民道徳教育のカリキュラムは大きく3つのテーマに分かれ、1年で1テーマという形になる。1年生は「自由」、2年生は「社会」、3年生は「民主主義」だ。

高校の公民道徳教育では、どのような授業をし、どのような能力を育んでいくのか。以下に列挙していく。

・自分の意見を一旦置いておいて世の中のことを考える。
・世の中の複雑さの意味を理解する。

・他者の多様性や違いを考慮することができる。
・さまざまなタイプの文書（人生の物語、文学的文章、芸術作品、法律文書、行政文書など）を識別し、文脈を理解し、その位置づけを理解し、作者の意図を特定し、評価することができる。
・文章や個人的な記録を調査、収集、分析し、どのように公表するかを知る。
・公の場において、明瞭で、説得力があり、ニュアンスに富み、落ち着いた態度で自己表現する。
・協力的・協同的なグループワークに貢献する能力を身につけ、チームワークやクラスプロジェクトに参加する。

では実際、公民道徳教育ではどのような授業をおこなっているのか。2023年9月に東京国際フランス学園を訪問し、授業見学する機会を得た。

ここはフランス語で授業をする学校だ。3歳から18歳まで、主にフランスの幼稚園、小学校、中学校、高校のカリキュラムだが、生徒たちは日仏ダブルが多い。

取材の目的で訪問したのだが、じつは来日したフランス国民議会の初の女性議長であるヤエル・ブロン＝ピベー議長に同行したのだ。

政治家と高校生が議論する

彼女はその日、高校2年生・3年生と対話するためにこの学校に訪れた。対話のテーマは「選挙および民主主義」。選挙や民主主義とは何かといった話だけでなく、具体的に、民主主義が機能するために何が必要なのかといった話も。

彼女は高校生にこう語りかけた。

「あなた方も政治に参加すべきです。政治は日常生活にかかわるため、政治家に任せることではないのですから。政治家が今決定することは、20年、30年、50年後の未来を左右します。つまり、我々が死んだ後のこと。あなた方の意見を聞かずに決定するのはよくないことです」

その後、ブロン＝ピベー議長はいくつかの例を挙げた。

1つめは、原子力。どこかの国が複数の原子力発電所を建設することを決定したが、実際にその発電所を運転するのは現世代ではなく次世代だ、つまり決めた世代は次の世代の未来を一部決定した、と。

2つめは、コスタリカについて。コスタリカは軍隊も自衛隊もなく、代わりに教育や社会保障制度に投資した国だ。想像しにくいかもしれないが、それも長い目で見た選択肢であり、そういった大きな選択は国民も参加すべきだと、彼女は強調した。

また、フランスでは選挙投票権は18歳からだが、16歳に引き下げるべきではないかといった議論がある。議長が当事者である高校生に賛否を問うと、圧倒的に「反対」だった。18歳でも投票率が低いので、16歳にすれば改善するとは思わないという理由が主だ。

ではなぜ投票率が低いかと問うと、高校生の答えは大変興味深かった。マスコミが報道する政治について高校生は関心を持てないというのだ。特に彼らは日本に住み、二重国籍の高校生も多い。彼らは18歳になったとき、日本でも選挙投票権を持つことになる。

日本の学校に政治家が訪問して同じような話をするのは考えられない。それをブロン＝ピベー議長に話したら大変驚いていた。

「政治家が学校に行って民主主義の重要性を語ることは欠かせないことです。そうしないと、若者の政治離れを防げません。政治に参加することが民主主義の基礎なのです」

彼女はマクロンの政党に属し、マクロン大統領の政策の支持者だが、高校生との議論の際はまったくそう感じさせなかった。中立性のある議論ができた。

日本の政治状況、特に女性の政治家の割合が低いことについての質問もあったが、彼女は逃げずに答えた。

「女性の政治家を増やすために、たくさんの方法があるわけではありません。クオーター制がないと無理でしょう。クオーター制があっても追いつきません。政治家自身が積極的に女性を増やしたい気持ちで、動いていくことも必要です。ただ、女性が政治に参加するためには、男性の一部を追い出さないといけません。日本はその3つの要件を満たすことが可能かどうかわかりませんが、そうしないと女性議員の人数を大きく増やせないでしょう」

日本の学校でもこんな政治についての自由な議論が可能なのか。正直言えば、あったほうがいいと思うけれど難しいだろう。このような例を1つとっても、日本の道徳科の目的との違いが際立つだろう。

フランスの高校生が学ぶ「哲学の授業」

では、公民道徳教育とは別に、高校3年生で受ける「哲学」の授業とは、どのようなものか。

哲学の授業によって、さらに生徒たちに考えさせる機会が与えられる。高校卒業時におこなわれるバカロレアでは、哲学は重要科目と位置づけられている。

哲学は教育現場だけでなく、より身近な日常生活に存在している。哲学者という肩書きを持つ人も多く、あらゆるメディアで目にすることができる。

日本で哲学者というと大学で専門的に哲学を教える人というイメージがあるが、フランスでは、社会や政治で起きていることとわたしたちとの関係性を説明する人と見なされている。最近はウクライナ戦争についてコメントすることも多い。

たとえば、あるテレビ番組でこんなテーマが取り上げられていた。

「ロシアのプーチン大統領はいつか国際裁判にかけられるかもしれない。あるいはクーデターが起こって殺されるかもしれない。裁判を受けること、クーデターで殺されることのどちらが世界にとって有益か。それは国際裁判にかけられ議論するほうが有益だ」

こういった解説を哲学者がする。もちろん結論を言うだけでなく、ちゃんとした論証に基づいてその結論に達する。

これは決してエリート向け番組だけでなく、誰でも見ることのできるワイドショーの討論番組でもおこなわれる。

「死刑」を話し合う

では、高校の哲学の授業はどんなものか。

全部で17項目ある。芸術、幸福、良心、義務、国家、無意識、正義、言語、自由、自然、理性、宗教、科学、技術、時間、仕事、真理。

そこで扱うテーマは多岐に及ぶが、日本では社会的タブーとされるテーマもしばしば扱う。たとえば正義のテーマのなかに死刑制度が含まれている。

フランスでは死刑制度は1981年に廃止されたが、わたしが小学生の頃はまだ残っていた。死刑執行があった際には大きなニュースとなり、哲学の授業では死刑をテーマに議論した。

歴史をさかのぼり、いつから死刑が哲学的な問題になったか、どこで初めて死刑が廃止されたか、などを勉強する。そのうえで、「あなたは死刑についてどう考えていますか？」「もし死刑を認めてもいいと思うのなら、その理由は？」といった意見交換をする。

その議論は、死刑に賛成か反対かの結論を出すことが目的ではなく、自分の考えや思いを表現することが目的だ。そもそも死刑制度は歴史的にも賛否が分かれる問題。それでも議論していくことに意味がある。高校になると先生はほとんど介入せず、生徒主体で議論が進んでいく。

日本だったらどうなるだろうか。

子どもが家に帰り、「今日は学校で、死刑について話しました」と言ったら、親は目を丸くするに違いない。先生はなぜこんな話をするのか、政治的な話をして大丈夫なのかと疑問や不安を感じるかもしれない。フランスで死刑は政治的な話というより哲学的な話ととらえられている。

また哲学の授業はより概念的なテーマも扱う。たとえば、「パッションとは何か」について。パッションとは愛やお金や欲望のようにコントロールしたくてもできないもの。古代ギリシャの演劇やオペラを題材にして、愛のパッションを学ぶこともある。賛成や反対、正しい・正しくないではなく、あくまで議論することが目的なのだ。

わたしたちの社会では、法律として定められていても議論の余地のあるものは多い。時代に合わせて価値観も変化する。40年前には同性婚は認められていなかったが、今は認められている。議論を続けていくことで、社会に変化を起こすこともできるのだ。

「動物実験」をテーマに話し方を学ぶ

公民道徳教育に話を戻そう。フランスの公民道徳教育の特徴は、なんといっても議論をしていくことだ。第3章でも「議論」について詳しく紹介したが、中学1年生（日本の小学6年生に相当）の「公民道徳教育」の教科書には議論のプロセスがわかりやすく掲載されているので見てみよう。

ここでは、動物実験の是非がテーマとなっている。

女の子が「動物を使って実験をするのは賛成？ 反対？」と質問をし、男の子は「わたしは反対」と答える。

それについて女の子は「なぜ？」と問いかけ、以下のようにやりとりが続いていく。

「動物虐待だから。動物を殺していろんな実験をするのはかわいそうだ」

「でもそのおかげでたくさんの薬を開発できたから、いいんじゃない？」

「たしかにそういう面では正しいかもしれないけど、化粧品の開発のために動物を使うのはよくない」

「たしかに化粧品の開発のために動物を利用するのはよくない。でも薬のためにはよいと思う」

こうして意見交換をすることで、結局、２人は同じような意見に帰着する。

どんな目的で動物を使うかという条件が加わると、動物実験の是非も変わるのだ。１００％賛成、１００％反対ではない。また議論が始まる前と後で、どのくらい意見が変わったかという質問も教科書にはある。

これは、議論をする意味を理解させるための１つの例だ。自分の意見を言うと同時に、相手の意見に耳を傾ける。議論する前は正しいと思っていたことも、新しい視点に触れると新しい意見が生まれる。意見が変わることは悪いことではないのだ。

「アート」を言葉にする授業

またこんなテーマもある。「あの大きな雲は何でしょう?」。雲の写真を見て、めいめい自分が感じたことを言う。

「わたしはこの作品が好き」

「これは本当にアートなのか、よくわからないな」

「これが好きという人の気持ちが理解できない」

そんなことを自由に言った後、

「なぜあなたはそう思うのか、説明してください」

と問われる。この問いに答えるのは意外と難しい。自分が感じたこと、好きなものは感覚的なものであり、言葉で説明しづらいからだ。それでも言葉で表現することに価値がある。そのうえで、クラス全体が参加して、お互いの意見に耳を傾ける。こうして議論のプロセスを学んでいくのだ。

フランスの教科書で「ジェンダー問題」はこう教える

次に、フランスの「公民道徳教育」の教科書では、ジェンダー問題についてどう教えているのだろう。

舞台はカジュアルなレストラン。そこには子ども向けメニューが2つある。1つは男の子メニューで、ロケット形のプレートにのっている。もう1つは女の子メニューで人形の形をしたプレートにのっている。そこにお父さんと子どもが客としてやって来る。

店員が子どもに「何がほしい？」と聞くと、その子は「子ども向けメニューがほしい」と答える。店員はその子の顔を見て判断し、男の子メニューのロケット形プレートを手渡した。そこでお父さんが介入し、店員とこんなやりとりをする。

「なぜロケット形のプレートを渡してくれたんですか？」

キッズ
プレート
ください

boy
girl

「それは男の子だからです」

「いや、この子は男の子じゃなくて、女の子ですよ」

「髪型が男の子っぽいから、男の子だと思ってロケット形のプレートにしたんです」

と店員は言い訳しながら、代わりに人形の形のプレートを子どもに手渡した。するとお父さんは怒って、

「なぜ変えたんですか？」

と聞く。店員は答える。

「だってあなたが女の子だって言ったんじゃないですか。だから人形のプレートを渡したんです」

「いや、なぜ人形のプレートにしたんですか？　この子は女の子だけど、ロケットのプレートがほしかったんです」


この文章を読んで、子どもたちは次のような質問に答えていく。

「なぜ店員は途中でロケットのプレートを人形のプレートに替えたのか。2行で書いてください」

この質問は子どもにとって容易ではないだろう。書くためにはしっかり考える必要があるからだ。日本では3つの選択肢から選ぶ設問も多いが、フランスではまずない。

次に「あなたが行ったことのあるおもちゃ屋さんには女の子用おもちゃがありますか?」といったテーマで議論をする。

日本の授業ではここまで踏み込むだろうか。

いまだ日本の店には、男の子用おもちゃ、女の子用おもちゃの区別がある。男の子は青色、女の子はピンクという色づかいで。書店でも女性向けコーナーと男性向けコーナーが分かれていて、並ぶ本には大きな違いがある。

これが教育現場にも顕著に出るのだ。学校で男女の区別をしないようにと勉強しても、店に行くと真逆の状況になっていることが多々ある。

フランスでは女の子用おもちゃ、男の子用おもちゃの区別はなく、年齢別におもちゃが並んでいる。とはいえ、旧来の考え方をする人は学校にも店にもいる。この教科書に出てくる店員も前の世代の人なのだろう。ステレオタイプに基づいて「男=ロケット」と思ってしまったのだ。

日本の教科書と比較して感じたのは、フランスの教科書には理解したことを書く欄が多いこと。一方的に「よいこと」を学ぶのでなく、子どもが理解したこと、感じたこと、考えたことを文章で書き、さらに議論して考えを深める授業だ。

「あなたはなぜそう思いますか?」と問われ、それに答える。その答えが間違っていたとしても、「あなたは間違っています」と言われることはない。先生とやりとりしたうえで、子ども自身が自分の間違いに気づいていくプロセスをたどるのだ。

じつは、この教科書に載っているのは１９９６年に刊行された小説だ。当時から子どもの性別に基づいてモノを選ぶのはよくないと考える風潮があったのだ。

日本の道徳に足りないもの

次に日本の道徳を見ていこう。

日本の道徳の教科書には何が書いてあるのだろうか。小学5・6年生の道徳の教科書『私たちの道徳』（1冊になっている）は約200ページだが、社会全体の仕組みや考え方より「具体的なルール」が多く書かれている。

目次を見ると、まず目に飛び込んできたのは、「夢に向かって確かな一歩を」という一文だ。社会で成功したプロスポーツ選手が紹介されている。こうした人間になるために、自分を磨き、努力を重ね、責任ある行動をとることの大切さを説いている。

こうした記述には意味があるのだろう。事実、日本人の子どものおこないはよく、友達にもやさしく、先生の言うことをよく聞き、モノをあまり壊さない。

でも、「こうした行動が〝なぜ〟大切なのか」まで子どもが理解しているかは不明だ。そこを理解するためのプロセスがやや物足りないと感じてしまう。

また、続けて読み進めると「郷土や国を愛する心を」、「世界の人々とつながって」とある。この2つをつなげて、「今は国際化・情報化社会、あるいは少子・高齢化社会という変化の中にあるため、日本の文化や伝統を守ることが大切だ」とまとめている。この記述で、子どもはどこまで理解できるだろう。なぜ「国を愛する心」が「世界の人とつながること」に結びつくのか。

わたしの息子には2つの国がある。自分の生まれた日本と親の故郷であるフランス、どちらも「自分の国」だ。

そこで道徳の教科書を読むと、「あれ?」と疑問に思うだろう。「国を愛する心」だけを読むと、自分の国の文化や価値観を守ることの大切さが書かれていて、「世界の人とつながっていく」とは真逆に感じてしまう。先生が歴史の話を交えながら補足していくのかもしれないが、教科書を見る限りでは説明が足りないと感じた。子どもが10歳であっても、きちんと説明があれば理解できるはずだ。

小学5・6年生の教科書を比べてみると、フランスの教科書は大人向けの哲学の本に見える。フランスのほうが子どもの理解度が高いという前提で作られていると感じる。ただ知識として押しつけるのではなく、授業中に議論することで理解に到達するだろうと考えているのだ。

日本ではその逆で、子どもだからそこまでは理解できないという前提があるのではないか。いくつかの例を見て、子どもの理解度に対する設定が日本は少し低いのではないかと感じた。今の社会の子どもたちは出合える情報が格段に増えているのだから、ここも見直していく必要があるだろう。

人種差別にピンとこない日本

フランスでは人種差別の問題も「公民道徳教育」で取り上げる大きなテーマだ。

2013年にアメリカでBLM（ブラック・ライブズ・マター）が話題になった。2012年のアフリカ系アメリカ人に対する警察の残虐行為をきっかけに始まった人種差別抗議運動のことだ。

フランス・パリ郊外でも2023年6月、17歳の北アフリカ系の少年が警察官に射殺された事件をきっかけに、各地で警察に対する抗議運動が暴動へと発展した。

日本人には、こうした抗議運動が起こることの意味が今ひとつピンとこないのではないだろうか。

ルーツや国籍や言語が異なる子どもが多いのが、フランスの学校の特徴の1つだ。一方、日本では人種差別を経験したことがない人は多い。有色人種にもいろいろあるが、ここでは黒人差別について触れていく。

わたしが昔、住んでいたブルゴーニュ地方の小学校では、黒人の子どもの割合は30人クラスで1人か2人だった。現在のパリ郊外の一部の小学校では黒人の子どもの割合が増え、地域によってはクラスの半分、あるいはそれ以上のところもある。

黒人と白人は肌の色だけでなく、口の形、耳の形、鼻の形など目立つ違いが多い。当時は、「これは鼻ですか？　それともサングラスですか？」といったジョークを言う人もいた。テレビ番組でも〝ユーモアリスト〟と呼ばれる人たちはそのような言い方を好んで使った。

こうしたジョークで大人たちが笑っていたため、子どもたちも学校で同じことを言って笑った。差別的な発言だとは知らなかったのだ。

成長するにつれて、それが黒人の人たちにとっていかにつらいか、なぜ言ってはダメなのかがわかってくる。子どもの頃から日常的にこうした経験をすることは、日本人の子どもと大きく違う点だろう。

今、日本に黒人の子どもがまったくいないことはないが、少ない。500人の学校に1人くらいではないだろうか。

差別とは何なのか。

たとえば、違いを指摘するだけで差別なのか、そうでないのか。「黒人は肌が黒い」と言ったら差別なのか。それとも単純な事実を言っているだけと見なされるのか。その線引きは難しく、まして学校でそれを教えるのは本当に難しい。

フランスは植民地支配や奴隷制度の歴史があり、「白人のほうが頭がいい」「白人のほうがお金がある」「白人のほうが安定している」というイメージが今も残っている。右翼の政党はいまだ、白人と黒人では能力の違いがあると確信している。

でも、人種差別は憲法で禁止されているのだ。人種差別発言をすると、大人なら刑務所に行くこともある。

絵の具の「肌色」が意味すること

日本では肌の色や人種差別についてどんな授業をしているのか。たとえば、こんな授業を見たことがある。

世界にはいろいろな肌の色の人がいるため、日本では20年前に絵の具や色鉛筆の「肌色」が消えたことを取り上げていた。肌色を一色で表すのは差別であるため「肌色」をなくすことはよいことだと学ぶ。子どもたちは自分のシートに「色に基づいた差別はよくない」「外国人は日本人と肌色が違うことを理解した」などと感想を書いている。

確かに子どもたちは、色に基づいて差別するのはよくないことを理解したと思われる。ただ、この授業で一番問題だと感じたことがある。それは肌の色の違いがどこから来たかに触れていないこと。

フランスの学校ではまったく違うアプローチをする。まず肌の色の違いの科学的説明から始める。

フランス人、外国人にかかわらず、すべての人の肌の色には違いがある。それはメラニンという物質の量によって変わる。紫外線と深くかかわるため、熱帯地域に住む人たちの肌は黒い傾向にあり、寒冷地に住む人たちの肌は白い傾向にある。もともとアフリカに住んでいた人たちは、年間の日照時間が長いことから、その環境に合わせて肌の色も黒くなった。

こうした説明をしたうえで、人間は肌の色の違いによって能力に違いがあるというのは科学的根拠がない話だと伝える。当然だが、DNAの優劣はなく、よって肌色に基づいて差別するのは完全な間違いで、許されないことだと伝える。

単純に「差別はよくない」ではなく、「なぜ差別は根拠がなく、よくないことなのか」を科学的エビデンスも含めて説明するのだ。

こうした説明がないままに、子どもたちに「なぜ肌の色による差別はよくないんですか?」と聞いても、おそらく答えられないだろう。

「傷つくから」といった感情的な答えになるかもしれない。「差別はよくない」と学べば、差別しない子になるかもしれないが、「なぜよくないのか」はわからないままだ。

となれば、ネットに蔓延する「陰謀論」を唱える人たちが寄って来て、「いやいや、黒人は○○なんだ」と言ったら、受け入れてしまう可能性もある。

肌の色の違いによって集団的な特徴があるわけではないのにもかかわらず、「黒人はあなたより能力が低いから平等ではない。あなたのほうが優遇される」とSNSでくり返し聞かされたら、信じてしまう。

そのリスクをなくすためにも科学的な説明が必要だとわたしは考えている。

「ママ、学校でフランス語を話さないで」

日本では道徳の授業で「差別はダメ、多様性を認めよう」と教えている一方で、「髪の色は黒にしなければいけない」と校則に定めている学校もある。明らかに矛盾している。

これはダイバーシティを認めない、つまり個人を認めないということだ。個人個人にはそれぞれの特徴があり、それを認めないとこの世界で生活はできない。

同じ顔、同じ髪型、同じ髪色はありえないのだ。

「みんな同じ」という考え方は非常に危険だ。日本の校則には根拠がないことも多く、誰もきちんと説明できない。ルールの根拠を説明できないことは、子どもを軽く見ているとわたしは思う。

逆にフランスには校則がなさすぎるともいえる。なんでもOKの状況になってしまう学校もある。高校生になれば、髭を伸ばしている生徒も多いし、ピアスやタトゥーもあたりまえ。わたしの学生時代にはそこまで流行していなかったが、今はタトゥーをしている先生もいる。

まるでヘビのように顔にも（舌にも！）絵が施された全身タトゥーの小学校教師もいる。彼の名はシルヴァン・エレーヌ先生。

「自分が教えている子どもたちは異なるタイプの人間を受け入れることを学んでいる」と話す。ただ以前、3歳児クラスを受け持ったとき、子どもの親から「エレーヌ先生のクラスの後、子どもは悪夢を見て泣いた」と言われ、悲しい思いをしたこともあるようだけど。

物理的な違いを認めないことは、意見の違いを認めないこととリンクしている。

日本では自分の意見をあまり言わず、他人の意見に合わせて話そうとするが、これと同じことを物理的にもしてしまう。つまり自分の違いを見せないように振る舞うのだ。でも黒人は自分の顔を白人にすることはできない。

「みんな同じ」という傾向が強すぎると、社会に差別の背景を作ってしまう。子どもの頃から「みんな同じ」と考えていると、大人になるほど排他的な考えを強化してしまう。みんな違いがあるけれど、義務と権利は同じだと強調すべきだ。

息子のアイデンティティーは、フランス人でありながら日本人でもあるダブルだ。でも一時、息子はそれを隠そうとしていた。

「ママ、学校ではフランス語を話さないで」

このように言っていたことがあり、わたしはそこを心配した。

日本で学校生活を難なく送るには「違い」を見せないのが手っとり早いのかもしれない。ただ、誰しも違いはあるものだ。違いは堂々と表現したほうがいい。「わたしの母はフランス人で、フランス語をしゃべっている」と言ってもいいはずだ。

でも、子どもはそうしたくない。そうすると友達との違いが際立って差別を受けるかもしれない……そんな不安を持っていたのだ。

犯罪件数が少ない日本の「理由」

ここまで、日本の道徳教育の問題点を指摘してきたが、結果的にフランス社会のほうが日本社会よりもいい、という結論には至らない。

よい道徳教育をしているからフランスでは差別や犯罪が少ない、と言えたらよかったのだが、実際の社会は真逆だ。

犯罪件数はフランスのほうが圧倒的に多い。つまりルールや決まりをきちんと学校で教えていないため、大人もルールを破る場面がめずらしくないし、極端な個人主義者が多いことで社会が混乱している。

日本では、学校でくり返しルールを守ることが教育されている。それだけでなく、社会全体としてルールを守らないと厳しい罰を受けるといった背景もある。

たとえば街のあちらこちらに交番があり、警察官の姿がよく見られる。また、公共サービスや店のサービスもよく、人びとが怒りを感じる理由がフランスより少ないことも影響していると思う。

フランスは全体的にサービスが劣り、電車やバスもあまり時間を守らない。人びとはそこに小さな怒りを感じている。人は怒りを感じすぎると、一生懸命学んだルールを守らなくなるのだ。まわりが誰も守らなかったら、自分も守らなくていいという結論になってしまうのは当然だろう。

たとえば、フランスでは赤信号を渡っても警察官は何も言わないため、「まあいいだろう」と思って渡る。

日本では赤信号を守らないと交番のお巡りさんが即刻気づいて注意する。子どもから大人まで「信号を守らないことはよくない」という前提で行動する。こうした小さな出来事が重なって日本人はルールを守るのだ。道徳教育の目的の1つがルールを守ることだとしたら、それは達成しているのだ。とはいえ、ルールの根拠もきちんと説明すべきだ。やはり、ルールの教え方がいいとは言えないかもしれない。

ヨーロッパで急増
――環境問題でひきこもる子ども

ヨーロッパの若者は地球温暖化や気候変動問題に関心が高い。いろいろな活動に参加し、政治の動きにも敏感だ。経済にはそれほど関心がなくても、いわゆるエコロジーには大きな関心がある。

というのも、フランスやスペイン、イタリアなどでは地球温暖化や気候変動をより肌で感じているからだ。

フランスで近年、明らかな異常気象が続いている。たとえば、パリでは40度を超える高温を記録し、雨が降らずに普段は深い川を、歩いて渡ることができる。また、今まで経験のないほどの暴風や雷、見たことがない規模の山火事も起きている。

その点、日本人は自然災害に慣れているせいか、気候変動をあまりダイレクトに感じていない可能性がある。地震や津波、台風、火山の噴火などフランスにはない現象が昔からあるため、災害が起きても異常とは思わない日本人が多いのかもしれない。

そんな状況のなか、ヨーロッパでは「エコ・アンクシエテ（気候変動不安、エコロジー不安）」という病気が流行っている。

はっきりした定義はないが、要するに気候変動による災害や環境問題が原因で、不安、絶望、ストレス、無力感を感じる症状だ。「気候変動による不安症」と訳せるだろう。日本ではほとんどニュースになっていない。

特に中学生や高校生、あるいは社会人になったばかりの若年層に多い。彼らは旅行もしなければ、飛行機にものらない。CO_2を削減したいからだ。

大人になっても子どもを作らない。子どもが増えることは地球にダメージを与えるからだ。肉も食べず、ヴィーガンになる。また、単純に心配しすぎて家にひきこもる。うつ症状で苦しむ人もいる。

ある意味で地球のことを心配するのはよいことだし、彼らは意識して地球のための活動をしている。

でも心配しすぎると、逆に何もできなくなってしまう。

フランス人が驚愕する〝広告トラック〟

2023年4月に、G7札幌、気候・エネルギー・環境大臣会合が開かれた。各国のエネルギー関係の大臣が集まり、フランスのエネルギー移行大臣も参加していたが、彼らは日本がエネルギーをムダに消費していることに驚いていた。

フランスでは街全体で節電しているのに、渋谷には大画面広告が点灯した「広告トラック」が走っている。店のネオンも街頭もキラキラ輝いている。また、プラスチックの幅広い利用とその量、使い捨ての品物の種類とその量、過剰な冷暖房の使用、広告やチラシなど、紙の無駄づかいも明らかだ。

ただし、日本はリサイクルの意識は高いようだ。使う量を減らすよりも、使ったぶんをリサイクルしようとする。あるいは、電球をLEDに替え、明るさはそのままで節電するという発想だ。新しい技術を駆使して節約・節電をしている。

ところが、ヨーロッパではもっとシンプルだ。必要がなければ電気を消す。大画面広告は必要がないため、ライトアップしない。

気候変動に対する政治家の意識も低く、いまだ日本政府の政策は「消費」が柱だ。エネルギーをたくさん使い、モノをたくさん生産すると、経済がよくなるという考え方である。G7では「エネルギー消費量を減らします」と宣言していても、それを行動に移しているようには見えない。

これは教育の観点からも問題がある。「地球にやさしいことをしよう」と学校で学びながら、街を歩けば大量のエネルギーのムダに出くわす。家で子どもに「使っていない部屋は電気を消そう」と言っているのに、一歩外に出たらこの言葉が無意味になってしまう。「電気を消さなきゃいけないのに、なぜこの広告トラックはOKなの？」

このように子どもは疑問に思うだろう。

子どもはちゃんと見ているのだ。社会全体が協力し、学校で学んだことと社会で起こっていることの矛盾をなくしていかなければならない。

ようやく2023年にホストクラブやキャバクラ店などの「広告トラック」に規制をかけることで4都県が一致した。ただし規制の理由は「美観を損ねる」というもので、環境問題への意識はまだまだ低いようだ。

こうしたギャップについて、わたしは2023年9月8日の記者会見で松野博一《まつのひろかず》官房長官（当時）に質問した。

「電力と節電について、日本は資源がない国だから原子力が必要だと政府は言っていますが、街を歩いたら電気の無駄遣いがあるのがわかります。官房長官は最近、渋谷に行きましたか。20年前に街頭大画面は3台ありましたが、最近は10台くらいあると思います。広告トラックも5分ごとに通りすぎます。政府は本気で節電するつもりなら、電気の無駄遣いを規制すべきではないでしょうか」

松野官房長官はこう答えた。

「まずわたしは、ここしばらくは渋谷には行ったことはありません。今ご指摘の民間のさまざまな表示、広告等に関しては、それぞれの固有の事業者によっておこなわれているものであり、今、政府としてコメントすることは差し控えますが、省エネの推進は、政府として重要なテーマであり、しっかりと取り組んでいきたいと思います。詳細については経産省におたずねいただきたいと思います」

わたしは質問を重ねる。

「官房長官の考えを聞きたいのですが、そういう場面を見たときに、誰でもおかしいと思います。特に最近、外国人が日本に来たら『なんでこんな（電気の）無駄遣いができるのか』と聞いてきます。全世界で電力のエネルギー危機の中で、無駄遣いが目立ったときに疑問が湧くと思います。特にG7の国としては、そうしたリードをして、エネルギーの使い方とか節電とか、そういう政策を、政府も自慢していますが、現実とは違うのではないかと思います」

そして、松野官房長官はこう答える。

「先ほど申し上げたとおり、政府としてはカーボンニュートラルを目指していく方向を目指しており、省エネの推進というのは重要なテーマであるので、しっかりと取り組んでいきますが、個別の事業に関して、今、政府としてコメントすることは控えたいと思います。先ほど申し上げましたが、政府全体としての省エネ対策に関しては、経産省の方におたずねいただければと思います」

この答えにはたくさんの問題がある。

まず、電気の無駄遣いの意識がないこと。しっかりと取り組んでいくと言っているのに、無駄遣いは民間企業がやっているため、政府として介入できないのは仕方がないとでもいうように。政府は節電のために国会を通じてルールを決める権力があるのだ。

もし企業に無駄遣いをやめるよう要請できないのであれば、積極的に省エネを推進しているると言えるのか。政府としては、今までの快適な生活をそのまま維持しつつ省エネをすると言っているのだ。ただ実際、無駄遣いが多いのは間違いない。つまりその無駄遣いを維持したいと言っているのに等しい。

企業の活動を制限して文句を言われるリスクを避けてもいるのだろう。そこを説得し働きかけていくのが政治家の仕事なのに、それを放棄しているのだ。

1人ひとりはやさしいのに「システム」がやさしくないのはなぜ？

わたしは日本で過ごす日々に満足している。会う人会う人みなやさしいし、どこに行ってもサービスはほぼ完璧。区役所に行ったら少し待たされるけれど、親身になってわたしの「困りごと」を聞いてくれる。みな礼儀正しく、一生懸命、他人のために働いているのが伝わってくる。はっきりいって感動的だ。フランスで役所に行くと「また来たの、なあに？」と怒られるから。

ただ、1人ひとりはこんなにやさしいのに、全体的に日本のシステムがやさしくないと感じる時があるのはなぜだろう？

これは頻繁に感じることだ。たとえば、2021年に名古屋出入国在留管理局で起こったスリランカ人の女性、ウィシュマさんの死亡事件。

ウィシュマさんが亡くなった際の映像を見たが、彼女の面倒を見ている女性たちは割と普通にやさしく話しかけている。「水を飲んだほうがいい」「飲まないと大変なことになる」と。彼女たちは礼儀正しく、１人ひとりはいい人なのだが、なぜ組織になると正しい判断ができなくなるのか。

ウィシュマさんが「病院に行きたい」と訴えると、女性たちは「わかっているけど我々は決めることができません」と答える。女性たちはウィシュマさんの体調悪化を認識していても上司に強く訴えない。おそらく組織の中で自分の意見が言えないと感じているのだろう。

一方、上司はウィシュマさんの様子を直接見ていないため、その危険度を認識できない。結局、誰も判断できない状況につながってしまった。

袴田《はかまた》さんの事件で思うこと

もう１つ、袴田さんの事件でも同じことを感じている。

袴田巖《いわお》さんは1966年に静岡県で一家4人が殺害された事件で犯人として逮捕され、1968年に死刑判決が言い渡され、1980年に死刑が確定した。その再審のやり直しが2023年3月に決まった。袴田さんが無実を訴え、裁判のやり直しを求めてから40年以上も経つ。

わたしは2020年、袴田さんの再審決定が決まる前、支援者と共に最高裁判所に出向き、「早く再審を決定してください」と訴えた。

最高裁の人はとてもやさしく、我々の言うことをすべてメモにとり、「はい」と聞いてくれた。ところが、その後、何も起きない。結果的に最高裁は袴田さんに対して、東京高等裁判所での審議をやり直すことを言い渡し、貴重な時間をムダにしてしまった。さらに2023年10月には検察が再審公判で有罪を立証しようとした。

冤罪の可能性が高い袴田事件は、半世紀以上にわたって非人道的な判断が相次いだ。なぜ普通にやさしい人がそういう判断をするのか。

おそらく日本のシステムは、誰もが一部しか見ていない。判断できない人たちが現実を見て、現実を見ない人が判断をする。そこにある問題が伝聞によって矮小化していくのではないだろうか。

学校でもそうだ。先生たち１人ひとりはやさしい人ばかり。ところが、いじめが起き、最悪の場合、子どもが自殺したとしても、学校は何もしない。それは全体のシステムが機能していないということ。

こうしたシステムに対して、わたしはおおいに疑問を覚える。もっと１人ひとりが自分の感じたことを言うべきなのだ。

どんな場面でも、皆がもっと本音で話すようになればよい。違和感があったら伝え、相手が理解していないと思ったら、何度でも言う。

日本では本音と建前があり、自分が感じたことをストレートに表現しないことが多い。また、本音を言うのをよしとしない教育もある。今は違うかもしれないが、強い人は心の内を明かさない風潮もある。言わなくてもわかるといった空気もある。これらが少しずつ積み重なって、結果的にコミュニケーションがとれなくなるのだ。

裁判になっても誰の責任かを判断できない事件もある。組織の曖昧な部分、ブラックボックスがあまりに多く、責任の所在がわからないのだ。

判断した人は「わたしはもらった情報に基づいて判断した」「もらった情報はこうだったので、こんなに深刻だと思わなかった」と言う。報告した人は、「わたしは報告したけど判断できません。判断するのはこちらではないので責任はありません」と言う。

だからこそ子どもには、責任とは何かをきちんと伝えたい。自分が目で見たこと、感じたことを言うのは悪いことではない。むしろちゃんと言うべきだ。

相手の理解にズレがあると感じたら、また違う形で伝える必要がある。それを教育現場で教えなければ、子どもは忖度《そんたく》を覚え、相手が聞きたいことしか言わなくなってしまう。

挨拶をしない日本人
――「世界一礼儀正しい国」の弱点

息子の学校公開で、壁に貼られたポスターに挨拶の仕方が書かれていた。

「同じ人に何回会っても挨拶しましょう」

「相手を見ながら挨拶しましょう」

校舎ですれ違った子どもたちは、わたしに気持ちのよい挨拶をしてくれた。

そのとき、ふと疑問に思った。学校でこれだけ挨拶の大切さを教えられているのに、知らない人に挨拶をしない大人が多いのはなぜか。子どもの頃からくり返し教育を受けたなら、大人になってからも自然に挨拶するはずなのに。

フランス人は気さくに「ボンジュール」と言う。学校でくり返し言われたわけではない。挨拶するのは当然のことで、むしろ黙っていたら「この人、なんで挨拶しないのだろう」

と思われてしまう。

日本で自然に挨拶するのは、主に高齢の女性たちだ。特に、子どもと一緒にいたら必ず声をかけてくる。

一方で男性は、どの世代もほとんど挨拶をしない。すれ違いざまにぶつかられたとき、こちらが「すみません」と謝っても無視されることもある。

日本人は世界一礼儀正しい国民だと思われているが、果たしてそうなのか。店の店員さんは礼儀正しく挨拶するのに、お客さんになると別人になる。

明らかにヨーロッパ、特に南部の国はコミュニケーションをしやすい環境がある。毎朝同じバスに乗るとき、同じ人と2日連続で会うと「おはようございます。今日も同じバスに乗りますね」と自然に言葉を交わす。

今、わたしは同じバス停で15回は顔を合わせていても一度も挨拶していない人がいることに驚いている。逆に、フランスの状況に日本人は驚く。でも顔を合わせていながら知らんふりするのはありえないのだ。5回連続で同じバスに乗ったら100%の人が必ず何かを言うだろう。

喫茶店で同じ人と顔を合わせると、「あなたもリピーターだね」といった会話が必ず生まれる。店員さんも「また来ましたね」といったことを自然に言う。

日本では店員さんもロボットのように働く人が多い。特にチェーン店では接客マニュアルがあり、１００回通っていても「クリームと砂糖はいりますか？」と聞いてくる。「１００回目だからもうわかるでしょ」と言いたいのだが。

フランスでは店員さんによってサービスの質はバラバラだが、もっと人間的なやりとりがある。それは文化の違いなので批判したいわけではないが、あまりに不自然だと社会全体に影響してしまうのではないかと懸念している。

たとえば、若者は「出会い」がないとよく言う。確かに、出会いは言葉を交わすことから始まるケースが多いから、言葉を交わさなければ偶然の出会いのチャンスは少なくなる。

お店でも電車の中でも話したい

わたしが人と話したいタイプだからだろう。

最近、突然雨が降ったとき、わたしは傘を持っていなかった。近くのドラッグストアで傘を買ったとき、その感謝をどうしても店員さんに伝えたくなった。

「突然雨が降っても日本ではすぐ傘を買える。ありがたいことです」

店員さんは「この人は何を言っているんだろう……」という顔をしていた。

わたしは少しがっかりしたのだが、やはり必要な会話だと思っている。20年間以上、日本に住んでいても、わたしにはこういう癖があるし、この部分を消したくない。

また、こんなこともあった。電車に乗っていると素敵なバッグを持っている男性がいた。便利そうなデザインでたいそう気になり、そのブランド名を無理やり読もうとしたのだが読めない。直接聞いたら話は早いが、そんなことをしたら相手はナンパされたと思うかもしれず、聞けずじまいだった。

フランスに一時帰国すると、すぐに「会話」の洗礼を受ける。パスポートチェックの際も空港職員が「あなたは日本から来たの？　すごいよ。わたしは日本のマンガの大ファンで、マンガをいっぱい読んでいる。一番最近読んだのは……」と話し出す。後ろに行列ができていてもおかまいなし。

12時間のフライトの後、ああパリに帰って来た――と感じる瞬間だ。

日本人のコミュ力が危険信号？

ドイツの哲学者、マルクス・ガブリエルが来日したとき、インタビューでこんな話を聞いた。「日本人は心の中では言いたいことがあるけれど、表面上はとても静かで不思議な国」。わたしは来日して20年以上が経つが、日本人のコミュニケーションがどんどん乏しくなっているのを感じる。

スマホは1つの理由だ。スマホでその場にいない人とのコミュニケーションを優先し、隣の人は無視する。それは不自然な行動だ。そもそも人間は周囲の人とコミュニケーションをとるのが自然なのだ。それがなくなると、どうなるか。

まず、出会いがなくなるだろう。隣の人を無視していたら、誰かと出会うことなんてできない。自ら出会いを遮断しているのだ。就職活動も難しくなるだろう。Ｚｏｏｍなどのオンラインで画面を通して話すことはできても、実際に対面するとそわそわして言葉が出てこないのだ。

日本の社会学者や哲学者でこうしたことに警鐘を鳴らしている人はいるのだろうか。おそらく20年後、いかにスマホが社会に悪影響があったかがわかるだろう。

わたしは2002年に携帯電話（スマホはまだ登場していない）についての本を書いた。20年以上前のことだが、「日本は世界でもいち早くその悪影響を受ける社会になる」と書いたのだ。携帯電話の使いすぎにより、他人を避け、対面のコミュニケーションをしないことが大きな問題になってくる、と。その後、フランスやアメリカなどがそれに続く。

なぜ日本が最初なのかといえば、隣の人とコミュニケーションしなくても特に問題ないと考えている人が多いからだ。わたしは大きな問題に見えるけれど、多くの技術者はむしろそれを目指している。スマホなどでいつでもどこでも自分のタイミングでコミュニケーションできること、そのほうが便利だと考えているのだ。

出会いを遮断した狭い世界に生きることになると、たくさんの社会問題が出てくる。高齢化社会、子どもが大人にならない社会、海外に行けない社会になる。画面を通して世界を見た気になってしまう。技術の恩恵を受けすぎると、逆効果になってしまうのだ。

これから5年くらいかけて日本がこうなると懸念していた矢先に、新型コロナウイルスの影響によって1年でなってしまった。リモートワークは便利だが、利便性よりも社会性をもっと考えるべきだ。家で仕事をするのはメリットがあるが、子どもが社会に参加する能力は低下してしまう。

わたしたち親世代はこれまで社会に参加してきたためバランスをとることもできるが、最初からリモートワークの新入社員世代は、20年後、どんな人間になるか心配だ。まして、生まれたときから画面の世界で生きている、子ども世代はなおのこと。自分の息子もわたしのせいでタブレットやゲームに夢中になってしまった。仕事で忙しい親にとって、子どもの面倒を「画面に任せてしまう」のは確かに便利だ。１００％悪いとは言えないが、決してよいことではない。

わたしはもともと技術者で、スマホも大好きだが、使い方はもっと考えたほうがいいと思っている。

フランスでも現在、子どもたちのデジタル機器の利用が大幅に増え、問題になっている。2歳までに約4分の1の子どもがデジタル画面にさらされていて、10人に9人の小児科医が子どもの気分障害とデジタルの関連性を認めている。また10代のティーンエイジャーでは全体の42％が睡眠不足との指摘もある。

こうした問題を受け、フランス政府によるデジタル機器の危険を訴える啓蒙キャンペーンもおこなわれている。日本でも懸念する小児科医や精神科医はいるけれど、やはり今のトレンドを反転するのは難しい。

デジタル機器を使用する際は、今感じているメリットだけでなく、長い目で見るとメリットなのか、それともデメリットも多いのかをよく考えるべきだ。だからこそ学校では、タブレットやパソコンなどを学ぶのはもちろん必要だが、同時にその機器の使用に伴うリスクを把握することが重要だ。

生成AIの脅威に鈍感な日本の政治家
——ある発言から見えたもの

ChatGPTなどの生成AIも存在感を増してきている。

生成AIの技術が進化すればするほど、コミュニケーションをはじめとした数々の問題が起こってくるだろう。AIが自分の代わりに考えてくれるため、AIにまかせてものを考えなくなる。

しかも日本の政治家が「使ってもいい」と公言しているのだからさらに問題だ。たとえば、西村康稔《にしむらやすとし》元経済産業大臣はこう発言している。

「生成AIでいくつか試してみましたけど、国会答弁のような形にはできあがってきますので、最新のデータで基づいて作ってもらえるとかなり負担軽減がなされる可能性があります。ぜひ活用を考えていきたい」（2023年4月11日　定例記者会見）。

「国会答弁の作成作業は、過去の国会議事録を検索して収集したうえで、それを参考にしながら作る。そうしたプロセスを効率的に行うにあたって、将来、AIは有力な補助ツールになり得る。あくまで質問者の意図をくみ取りながら最終的に答弁を作っていくので、職員、人間の仕事だ。最終的に私も言うので、国会を軽視しているなどの指摘はあたらない」（2023年4月21日　閣僚会議後の記者会見）。

もしAIに大臣の回答をまかせたら、国の鍵をAIに預けるようなもの。生成AIは海外製品も多いのだから、敵国に自国の秘密をすべてばらすのと同じ行為だ。民主主義の基本を考えると大変危険なことだ。

しかもAIの許容範囲をどんどん広げている。

2024年1月に芥川賞を受賞した九段理江《くだんりえ》氏は、小説『東京都同情塔』の中に生成AIを登場させている。その際、AIのセリフは実際のAIに頼んでそのまま使ったとされ、その割合は全体の5％ほどだと本人は話している。芥川賞選考の際にもそのことは問題視されなかったという。

わたしは問題があると考えている。

生成AIが小説に登場するなら、生成AIが作成した文章の何パーセントまでなら使用OKなのか。あるいは、著作権の問題も発生する。そもそも生成AIは著作権を侵害したものを利用して文章化しているのだ。ゼロから創造することのない生成AIは、何かを悪用した文章しか生み出さないのだ。

読書を習慣にする子が得るもの

子どもが本を読む前に生成AIを使うことになったら非常に危険である。読解力、それに伴う文章作成力が奪われるかもしれないからだ。だからこそ、読書がますます重要になる。

子どもの読書時間のデータを見れば明らかだが、読書時間は少なく、読書の機会も減っている。最近の研究では、読書をするのとしないのとでは脳が変化するという。長いストーリーを読むのに脳が慣れていないと理解できずに混乱するし、集中力も続かない。

日本の学校では授業であまり本を読ませていないと感じる。

学問を深めるためにも、義務的に月2冊くらいの本を読ませるべきだ。自分が選んだ本をじっくり1時間ほど読む。この本は読みづらいとかストーリーが好きでないとか、途中でダメだと思ったら違う本に替えてもいい。ある程度、強制的に読ませないと読書習慣は身につかない。

こんな研究結果もある。スウェーデンでデジタル教科書を使用していたら児童の読書の能力が低下したのだ。

教科書出版社はデジタル版の教科書を発売し、生徒は本の抜粋からさまざまな種類のウェブサイトまで、あらゆるものを読んでいる。

最近発表された米国とスペインの研究概要によると、印刷されたテキストを読むことで読解力が向上することが示されている。

また、ユネスコの教育とデジタル技術についての報告でも次のように指摘している。

「デジタル革命には計り知れない可能性が秘められているが、社会における管理方法について警告がなされてきたように、教育における使用方法についても同様の警戒が必要である。デジタル革命は、学習プロセスを豊かにし、生徒と教師の幸福を促進するために使われなければならない。学習者のニーズが最優先され、教師はサポートされなければならない。オンラインでの交流は、人間同士の交流に取って代わることはできない」

本を読むことができるのは、もしかしたらわたしたちが最後の世代かもしれないと思うこともある。

２０２３年秋にパリへ行って驚いたのは、読書している人がまだまだ多いということ。パリの地下鉄では紙の本を開いている人がちらほらいる。

フランスでは、いじめは犯罪です

日本では数十年前から社会問題になっているいじめの問題。フランスでも2014年からいじめの深刻さがクローズアップされている。いじめを告発した子どもがいて、ようやく認知された。これまでいじめがなかったのでなく、誰も言わなかったのだ。

勇気あるひとりの子どもが、自分が受けたいじめを綴った本を出版した。それを機に、多くの子どもが「わたしも」「僕も」と声を上げるようになり、社会問題として国が動くようになった。

日本のいじめとパターンは似ている。

ちょっと「違い」のある子がターゲットになり、グループでふざけ半分でいじめをする。必ずしも意識して嫌がらせをしているとはかぎらない。複数人で1人をいじめることがどのくらい深刻か、いじめる側はわかっていないのだ。

いじめられた子どもは傷つき、苦しむ。自殺する子もいる。あるいは数十年後、「じつは子どものとき、いじめを受けていた」と告白する大人もいる。

これは子どもの虐待問題と似ている。性犯罪を受けた子どもは口をつぐんでしまうことも多い。体の自然な防御反応として一時的な記憶がなくなることもある。それが数十年後、何かのきっかけでフラッシュバックし、自分の被害にようやく気づく。そのときには相手を訴えるには遅すぎることがほとんどだ。ただ、わたしの知り合いはそういうことが起き、法律を変えさせるまで動いた。

2022年2月には、学校でのいじめを犯罪と見なす法律が成立した。いじめを受けた被害者が自殺、または自殺未遂をした場合、最高で懲役10年、あるいは15万ユーロ（約2370万円）を科す。

また、2023年まで、いじめを受けた子が基本的に転校していたが、2023年9月からは、いじめる側の子が転校しなくてはならなくなった。さらに厳しく対応する方法（たとえば、いじめをする子の親に罰金が科されるなど）が検討されている。

性教育は何歳から？
——匿名で相談できる「プランニング・ファミリアル」

パリの学生が中心となって蜂起した学生運動が盛んだった1968年頃、フランス社会はそれまでとはムードが変わり、「自由」がスローガンになった。

自由とは、性の解放も意味する。その世代の人は、自分の子どもに早い段階で性教育をする。自分の親世代とは明らかに違う教育スタイルだ。セックスのこと、ドラッグのことも含めてタブーなしで話をするのがその世代の特徴だ。

その世代の中でも、学生運動に参加した人としなかった人では考え方が違う。カトリックのキリスト教徒の人たちは、性教育に対してより慎重な態度をとる。一方、ヒッピー文化に傾倒した親にタブーはない。

わたしの世代はどちらのタイプの家庭もあり、わたしの家庭はその中間に位置する。

1942年生まれの父は学生運動の世代だったが慎重派で、同世代の母のほうがより自由なタイプ。ただ、家庭での性教育は家族の構造や宗教にもよるため、親にまかせると格差があまりに大きくなる。よって学校での性教育が不可欠だ。

フランス政府による性教育の定義は次のようなものだ。

「教育コミュニティのすべてのメンバーは、児童と青少年の個人的・社会的発達に貢献する。生徒が自尊心を持ち、他者を尊重し、違いを受け入れることができるようにする。この教育には、セクシュアリティ（性行為）の感情的、文化的、倫理的側面についての考察も含まれる。セクシュアリティに関する教育は、新しい教科ではなく、すべての教科、特に生命科学、地球科学、公民道徳教育、歴史地理、フランス語、そして学校生活の中で展開される」

性教育の授業では、早期の妊娠、HIV-AIDSを含む性感染症、インターネット上での露出や自分や他人のイメージなど、リスクについての理解を深めると同時に、自尊心、他者への敬意、連帯感、自律性、責任感などの態度を養うことを学ぶ。

性教育とはつまりコミュニケーションであるため、授業では対話形式をとることも多い。教師は、児童生徒が自由で責任ある選択ができるようアプローチをしていく。

小学校では、性教育の時間は担任教師の責任でアレンジし、授業に組み込んでいく。中学校と高校では、性教育について少なくとも年に3回のセッションをおこなう。

これらのセッションは、訓練を受けたボランティア・チーム（教師、教育アドバイザー、看護師など）によって企画され、必要に応じて、国や学会の認定を受けた外部パートナーとも連携すると決められている。

性交も避妊も教えない日本

フランスの学校では、身体の仕組み、避妊の方法、LGBTQへの理解、カップル間の関係の築き方から、ポルノグラフィーやマスターベーションに至るまで包括的な内容を扱う。日本では学習指導要領の範囲を超えているという理由でいまだに「性交」や「避妊」に言及できないのとは大きく異なる。

また、2003年からは幼稚園生から高校生を対象に、性だけでなく「愛と尊敬」について学ぶセクシャリテという授業が始まった。ここで自分自身や相手との関係の築き方を学び、自信や人間性を磨いていく。さらに政府は学校における性教育の役割として、次のように挙げている。代表的なものを見てみよう。

「性行為感染症（ＳＴＩ）、特にＨＩＶ－ＡＩＤＳの予防には、ティーンエイジャーに彼らが冒すリスクと、自分自身を守る方法について知らせる」

「すべての中等学校には、少なくとも１台のコンドーム・ディスペンサーを設置する」

「緊急避妊にも対応する。処方箋や保護者の許可を必要としない緊急避妊の実施手順を定め、守秘義務などを規定している」

「性的暴力の防止の役割を果たす。健康診断やスクリーニングの際に、保健スタッフは暴力の犠牲となった子どもたちのケースを特定する」

「小児性愛やポルノ画像にさらされる脅威から保護する。学校はフィルタリングシステムを導入し、児童生徒が利用できる情報を選択・管理し、インターネット利用やそれがもたらすリスクに対する児童生徒の意識を高める」

仕組みとしては完璧に近いと思われるが、現場ではちゃんと実施されているのか――。

答えは「ノー」だ。

２０２２年に国民教育委員会による報告書によると、小中学校では、年３回のセッションを受けている生徒は15％以下、中学校では20％以下であることが明らかになった。

また、学校の教師、フェミニスト団体によると、これらのセッションが行われていないという事実を国会議員にも警告している。男女平等高等評議会は、これらのセッションが効果的に実施されるよう緊急計画を呼びかけている。

フランスでは学校以外にも、性について誰でも相談できる場所がある。

それは「プランニング・ファミリアル」と呼ばれるところで、ホームページにはこう紹介されている。

「60年以上前からフェミニスト運動協会が作った相談室です。プランニング・ファミリアル運動は、60年以上にわたり、女性と男性の平等と、すべての人が計画外の妊娠や性感染症のない充実した性生活を享受できることを求めてキャンペーンを展開してきました。わたしたちは、セクシュアリティ教育、避妊、中絶を受ける権利を擁護し、性別や性的指向に結びついた暴力や差別と闘っています」

フランスでは性に関する問題も多く、プランニング・ファミリアルが社会で大きな役割を果たしている。たとえば万が一、未成年の女性が妊娠するかもしれない事態になったら、プランニング・ファミリアルに連絡し、必要な相談を受け、アフターピル（緊急避妊薬）を無料で匿名でもらうこともできる。誰でもいつでも電話でも連絡できる場所だ。また、2023年1月から、アフターピルはどこの薬局でも無料でもらえる。未成年なら、名前を言わなくてもよい。

第5章

フランスの先生もつらいよ

今、日仏の先生たちが直面している危機

日本の学校もフランスの学校も同じ問題に直面している。

その問題とは教員不足だ。日本で公立学校の教員の平均年齢は年々高くなっている。小学校は42・6歳、中学校は43・6歳、高校は46・1歳だ（文科省「学校教員統計調査」２０１９）。フランスでも教員の平均年齢は、２０２１年に小学校が43歳、中学校と高校は45歳だ（文科省「諸外国の教育統計」）。共通するのは、若者にとって学校の先生は魅力的な職業ではなくなっているということだ。

なぜか。今、教員の仕事の過酷さが報道によって知られてきているからだ。同じく文科省の調査によると、２０２２年度、うつ病などの精神疾患により休職した日本の公立学校の教員は６５３９人で過去最多となった。年代別では、20代が１２８８人、30代

が1867人、40代が1598人、50代が1786人で20代の増加率が高く、この5年で1・6倍以上に増えている。新型コロナウイルスの流行が始まった2020年には5203人と前年より減少したが、4年連続で5000人を超え、初めて6000人を上回った。さらに精神疾患で有給休暇を使って1か月以上休んでいる教員も全体で5653人。休職中の教員と合わせると1万2192人にのぼる。

日本の教員の仕事の過酷さは後ほどお伝えするが、フランスでも似たような状況が起こっている。

2017－2018年のデータでは、教員の2人に1人が毎年平均1週間以上、健康上の理由（医師の証明書あり）で休みをとっている。これは有給休暇とは別だ。つまり5割の教員が年間少なくとも9日の休みをとり、これは毎日5％の教員が休んでいる計算になる。他の労働者に比べてその割合は多い。

回数でいうと、8割の教員が年1回以上の休みをとり、5％の教員は年5回以上の休みをとる。女性教員のほうが休みをとる割合は多く、その期間は長い。そして30歳以下の教員のほうがそれ以上の教員より割合が多い。こうした休みは体調を崩しがちな、気持ちも塞ぎやすい冬場に多い。ただし、健康上の理由とは必ずしも精神疾患などではなく、産休も含まれることを補足しておきたい。

より深刻なデータもある。フランス教育省は2019年、初めて教育現場での教員の自殺者数を発表した。その数は1年間で58人。つまり毎週1人が自殺したことになり、フランスでもショッキングなニュースとして報道された。

なぜフランスで教師の人気がなくなっているのか

当然ながら先生が休めば授業に影響が出る。代わりの先生がフォローすることもあるが、自習になることも多い。自習が続くと学習の機会を失うため、フランス政府は新しい案を考えた。それは、代わりの先生が自分の科目を教えること。たとえば、中学校で国語の先生が休み、代わりに数学の先生が来た場合、国語ではなく、自分の専門教科である数学を教えるのだ。

この方針が発表されたとき、国民の間では笑いが起きた。なぜなら、20年前にコメディアンが似たようなジョークを言っていたからだ。舞台は高校。哲学の先生の代わりに体育の先生が登場し、体育の授業をする。哲学の先生の休みは1週間に及び、週4時間の哲学の時間がすべて体育と哲学をミックスした授業になってしまったという話だ。20年前のコメディを記憶するわたしたちの世代は、ジョークがほぼ現実になったと思わず笑ってしまった。また、同じコメディでは高校での問題(暴力、暴言、大麻など)を取り上げていた。これらは20年間で解決されていないだけでなく、悪化したと言っても過言ではない。

とはいえ教員不足の今、代わりの先生はすぐにはみつからない。2023年9月の新学期の前に、マクロン大統領は「不在の先生全員の代わりに別の先生を確保することを約束します」と言ったが、現場ではほぼ半分の中学校・高校では少なくとも、1人の教師が不足状態だった。

2022年6月の教員採用試験では、特にパリとその周辺地域で教員不足が顕著になっている。たとえば、パリの教育区では、219人の教員募集に対して180人しか応募者が集まらず、ベルサイユ教育区では1430人の枠にたった484人と深刻な状況だ。そこで欠員を埋めるため、教員免許を持たない人も応募できる制度を設けた。およそ30分間の面接を受け、採用されれば1か月～2か月間の研修を経て教壇に立つ。

なぜフランスではこれほどまで教員の人気がなくなっているのか。

世界の小学校教員の給与年収水準

（USドル）

	国	初任給	勤続15年時
1	ルクセンブルク	71,812	104,846
2	ドイツ	69,599	85,049
3	スイス	60,948	−
4	デンマーク	54,130	62,301
5	オーストリア	47,995	57,638
6	オーストラリア	46,988	68,608
7	オランダ	45,594	70,899
8	スペイン	43,684	50,548
9	スウェーデン	42,727	49,232
10	アメリカ	42,723	63,531
21	フランス	32,619	40,043
24	日本	29,820	49,356

OECD「Education at a Glance 2022」より
2022年9月、1ドル(US)=140円

給料の低さもその一因だろう。OECD（経済協力開発機構）のデータによると、フランスの教員の平均の給与（年収）は国内の最低賃金の1・5倍で、EUの中でも最低ラインだ。ドイツの教員の給料はフランス教員の約2倍だ。1ドル（US）あたり140円で換算すると、フランスの教員の初任給は年収3万2619ユーロ（約456万6660円）、勤続15年で年収4万43ユーロ（約560万6020円）となっている。

1980年には最低賃金の2・3倍だったことを考えると、教員の社会的な立場は低下している。フランス全体の給料は上がっているのに、教員の給料が上がっていないのだ。フランスでは教育予算をGDP比5・25％と第2章でも紹介したが、この比較的恵まれた予算が教員のために使われていないのだ。年金も高くないし、ストライキも多い。給料の額だけで比べると日本のほうが高い（勤続15年時）。

ちなみに労働時間を見てみると、小学校と中学校の教師は週24時間の授業を課されている。これに加えて、年間108時間が課外活動に割り当てられる。課外活動とは個別支援や小グループでの追加の教育活動、教育訓練などだ。部活動は含まれない。基本的に教師が部活動を指導することはないが、課外活動をする場合は残業として給料をもらうところは日本と異なる。

フランスの先生もつらいよ
――麻薬、暴力、モンスターペアレント

もう1つ、フランスで教師という職業が敬遠される理由に〝話を聞かない子ども〟の存在がある。暴力、麻薬、犯罪など、状況はどんどん悪化している。

2020‐2021年の調査によると、小学校の校長先生の44％が子どもから暴言を受け、5％は暴力を受けた。

また、「SIVIS（学校の安全に関する情報収集と監視・警告をするシステム）」という国の調査によると、教師に対する暴言や暴力は小学校で児童1000人あたり3件、中学校で1000人あたり12・5件、高校総合クラスでは5・1件、専門クラスでは20件となっている。

日本の先生も大変だが、教師への暴言や暴力は小学校で1000人当たり0・8件、

中学校で1・0件、高校で0・1件と、フランスと比べたら落ち着いた環境といえる。日本人がパリとその郊外の一部の小学校や中学校の教室を見たら驚くだろう。

フランスの学校は自由度が高いぶん、個人がそれぞれ意見を主張する。

静かに授業を聞く生徒はいるけれど、過半数が授業を聞かないクラスもある。モンスターペアレンツも多い。

わたしが子どもの頃は、先生が子どもを叱ったら、親は子どもを注意したものだ。学校でヘンなことをしたら先生が叱るのは当然だと思っていたし、「もっと叱ってほしい」と思う親も多かった。ところが今は「自分の子が正しくて学校が間違っている」という前提になり、「なぜウチの子を叱るんですか！」と先生に詰め寄る。

また、教育格差も広がっている。フランスの中学校では、42％の生徒が複数の学年が混在したクラスで学んでいる。先生は年齢差のある生徒に同時に教えるため、理解している生徒とそうでない生徒が生まれ、教育環境として良好とはいえない。

ドキュメンタリー映画『パリ20区、僕たちのクラス』は、フランスの公立学校の現実とそこで教える先生の葛藤を描いたものだ。ぜひ観てほしい。

2022年にはこんな事件があった。ある生徒が教室で先生を執拗に挑発し、たまりかねた先生が手を出したところを動画に撮ってインターネットに投稿したのだ。

これを機に、教室での出来事が公開されたらたまらないと先生たちは口をつぐんでしまった。生徒から攻撃されるだけでなく、教頭らからも「問題を起こすのはあなたのせいだ」と非難され、泣き寝入りするしかない立場に追い込まれた。

そんなとき、1人の先生が「わたしの身にはこんなことが起きている」とX（旧ツイッター）で告発した。すると、「わたしも」「わたしも」と数千人の先生が声を上げ始めた。先生版「＃me too」運動へと発展したのだ。

ただ、いかなる理由があろうと他者に手を出すのは罪だから、裁判が起きたら、先生が懲役判決を受けるリスクもある。

フランスの「12人学級」

2017年5月、マクロン大統領が就任すると教育に力を入れ始めた。そして2つの大きな変化をもたらした。

1つは第2章で述べた、小学校就学前の3歳から義務教育にしたこと。もう1つは「12人学級」だ。

フランスの大都市には移民が多い。パリ郊外では生徒の半分以上が移民家庭の子どもということもある。そこでは家でフランス語を話す生徒がマイノリティーになっている。パリ市内は家賃が高いため、そこを避けて移民がパリ郊外に集中するのだ。わたしが育ったのは田舎で30~40年前だが、学校に移民の子どもは数人いた。今は全国的にその数が増えている。ただ、移民だからといって学校でうまくいかないわけではない。

フランス内務省が発表した移民統計によると、2022年に発給された滞在許可証の数は前年比17%増、発給数は32万330件とコロナ禍前の2019年を超えている。また、政治的、人道的な理由などでフランス難民保護局に登録された外国人の数は2022年には13万9333人で、前年比26%増となっている。

2018年に出版された、研究者マチュ・イシュ氏の本にはこう書かれている。

「両親の教育レベル、両親の職業、家族の人口統計学的特性は、生徒の教育成績に強い影響を与え、移民の子どもと生粋のフランス人の子どもとの間のこれらの特性の不平等な分配は、グループ間の教育格差の大部分を説明できる」

イシュ氏の研究によると、移民の出身地域によっても、親の教育レベルや考え方が異なるため、事情も異なるが住んでいる場所、社会環境による差別があるのは否定できないというのだ。

「体系的な差別のプロセスが、特に移民の子どもたちに影響を与えて、不利益を生み出している。居住地への差別と学区作成の複合的な影響に加え、学校政策、学校専門家の実践、他の保護者の回避が、移民の子どもたちを不利な学校環境に閉じ込めている」

フランス語を話せない子がクラスに1～2名だったら、先生は対応できるだろう。でもクラスの半数以上だったら？　1人の先生ではとても対応できない。

フランス人の子どもには正しい読み書きを教えるところ、移民の子どもにはごく初歩的なフランス語を教えなければならず、先生の負担は何倍にもなる。

このような状況をふまえて、マクロン政権は一部の学年（幼稚園の年長、小学1年生と2年生）と学校で「1クラス12人まで」と打ち出した。

これは、「いい環境の中で授業ができれば子どもが成功するチャンスが上がる」という考えに基づいている。

そしてマクロン大統領が就任した4か月後には「12人学級」がスタートした。まずは移民の多い学校、学力レベルが低い学校で開始した。

もともとフランスは24人学級だ。これまでも12人学級の案はあったが、予算の都合上、実現されなかった。

ところが、「フランスの未来のため、子どものためにお金をかけるべきところでかけないと、後々より多くのお金がかかる。大人になってから支援するより、子どものうちに支援したほうが意味がある」と考え、舵を切ったのだ。

フランスで教師をしている友人によると、現場の先生たちはこの政策を評価しているという。「ラクになった」「うまくいっている」「子どもたちが大きく成長した」と喜んでいる。12人学級では、子ども1人ひとりにケアやアドバイスができる。よって、いじめも起きにくくなる。

ただ、それは初期の印象だった。問題は、その「12人学級」を実現できない学校もまだまだあること。建物の広さが足りないことと教員不足が主な理由だ。

また、スタートして5年後の結果を見てみると、残念なことに、生徒たちの学習が大きく改善したとは言えない状況だ。

2022年の政府の調査によると、「12人学級改革」の前、小学1年生6万人のうち２万４０００人は国語と算数のレベルが異常に低かったが、１年後、そのうち２万２０００人はあまり改善しなかった。２０００人しか改善しなかったのだ。

日本では２０２１年より40人学級から35人学級へと移行が開始された（5年かけて35人にするという法律のようだ）。「いずれ30人学級を目指したい」と文部科学大臣は発表したが、30人でもまだ多すぎる。先生の負担を軽くするためにも20人学級を強くオススメしたい。

カリキュラムがころころ変わる

フランスの学校では、思い切った改革をしている一方で、日本はまったく変わらない……と嘆いている読者もいるかもしれない。ただ、この「改革」には大きな欠点がある。

フランスでは、とかく教育大臣が頻繁に交代する。「34歳の首相」として取り上げられたガブリエル・アタル氏も、２０２３年7月から教育大臣を務めていたが、6か月で終えている。彼はいじめ問題に素早く対処したため、親たちから歓迎されたが、成果も出ないうちに首相へと任命された。

彼の後を引き継いだ教育大臣のアメリー・ウデア＝カステラ氏は、スポーツ・オリンピック・パラリンピック大臣という激務を兼任している。彼女は教育大臣の経験もなく、また自分の子どもは私立のエリート学校に通わせている。結局、数週間で別の人になった。

何より問題は、こうして教育大臣が変わるたび、各々の考え方を現行のカリキュラムに反映させようとすることだ。結果的にカリキュラムをガラリと変えることになり、現場の先生たちは混乱する。

高校の数学をカリキュラムから外した教育大臣もいた。そして大臣が交代すると数学は復活した。そんな政治的な理由によって結局のところ、子どもたちが一番の被害者となっている。

日本の特徴は数十年間、カリキュラムが変わっていないことだ。

日本の学校教育には問題もあるが、学校として最も重要な役割は果たしていると思う。その役割とは、すべての子どもに基本教育を提供することだ。義務教育を終えると、ほとんどすべての子どもが読み・書き・計算の基礎学力を身につけている。

そして、フランスではその逆が起こっているのだ。ＰＩＳＡの調査結果を見れば、それは明らかなことだ。

日本の先生もつらいよ
――長時間労働と「子どものため」幻想

次に、日本の学校の先生について見ていこう。2023年に出版された『先生がいなくなる』(PHP新書)という本には、「休憩0分の定額働かせ放題」というキャッチコピーのもと教員の厳しい現実が描かれている。

公立学校の教員はいくら残業しても残業代は出ない。あくまで仕事が好きだから残業しているという設定だ。

残業代の代わりに給料に上乗せする「教職調整額」を現行の4%から10%に引き上げる(2024年の施行)と発表したが、そもそも4%とは50年前の基準で決められたパーセンテージだ。当時の残業時間は月8時間想定だったが、今の残業時間は10倍以上であるにもかかわらず、依然として4%が適用されている。

わたしはこうした事実を知り、ショックを受けた。

学校の先生の仕事が大変なのは聞いていたけれど、まさかここまでとは。息子の担任の先生に会うと、いつも笑顔だ。いつだってやさしい。子どもたちが帰りの会で元気に歌を歌うのを聞きながら、わたしは「いいクラスでよかったな」と感謝している。先生たちはどんなに苦しくても顔には出さない。元気そうに見えるけれど、家に帰って毎日泣いているかもしれない。

だからこそ、親として先生の話を聞きたいと強く思う。学校公開や運動会、保護者会に個人面談と学校に出向く機会は多い。忘れ物を届けに行くこともある。そのとき、「先生は大丈夫ですか？」と聞きたい。「うちの子は大丈夫ですので、むしろ先生はどうですか？」と。

つらいと言ってもらえなければ、気づく手段はないからだ。知らなければ、問題がないと思ってしまう。

わたしたち親は自分の子どものことにしか関心がなく、先生の問題を気に留めることはほとんどない。わたしはそこに罪悪感を覚えるのだ。

たとえ、「悩んでいることはありますか」と直接聞くチャンスがあっても、先生は答えないだろう。それでも、先生のことを気にかけている親がいると伝わるだけでも違うのではないか。

フランスでは、先生がつらい状況にあれば、まわりは気づくことができる。というのも先生自身がそれを話すし、労働組合に訴える方法もある。日本よりずっと悩みを打ち明けやすい。

日本では社会全体がみずからの苦しさを表明しづらいと感じる。先生たちは、「自分がもっとがんばらなきゃ」「子どものために働いているから当然」「先生の仕事はそんなもんだ」と思っているかもしれない。もしかしたら、「自分がダメだからいけないのだ」と責めているかもしれない。

この本を読んで深刻だと感じたのは、１人の先生が自殺しても、その先生の親が裁判を起こしても、学校は「我々は問題がない」という態度をとることだ。だから現場の先生は匿名でツイートするしかないのだ。

ストライキしない日本の先生

では、日本の先生たちが苦しさを訴えるには、どんな窓口があるのだろうか。

厚労省のサイトには教職員向けの「こころの相談窓口」として、各都道府県の公的な機関の電話相談窓口が紹介されている。NPOが主宰する「先生相談」という窓口もある。政府は支援金を出し、DVや自殺などあらゆる問題に対応する場としてNPOに託す。

窓口があるのはいいことだが、どれくらい「システムを変える力」があるのかは気になるところだ。単に先生の精神状態をケアするカウンセリングで終わりはしないか。学校のシステムが原因で精神状態が悪化した場合、ほかの多くの人も同じ状況にあることは想像に難くないからだ。

「で、労働組合は何をやっている？」

こう思うのはフランス人として当然のリアクションだ。

労働組合の強みはストライキができることにある。フランスではストライキによってシステムを止めることができるため、政府は手を打たないわけにはいかなくなる。こうして政府に圧力をかけることができるのだ。

とはいえ日本には、日教組（日本教職員組合）がある。公立小中高校教員・学校職員による全国規模の労働組合だ。

１９４７年に結成され、教職員の待遇改善、地位の向上、教職員定数の改善などを主な目的として活動しているが、日教組の加入者数は年々減少傾向にある。文科省が毎年10月に実施している教職員団体への加入状況調査によると、２０２０年10月時点で過去最低の21・３％だった。

労働組合の強みは、全国に仲間がいることだ。戦いの様相を呈することもしばしばだが、少なくともフランスでは闘わなければ何も変わらないため、みなで協力して闘う。

それにしても、なぜ日本ではストライキのような運動がないのか？　たとえストライキをしても処分されるからしないのか？

そう思って調べてみたら、警察官や消防士と同じように教員は公務員法によってストライキが制限されていることを知った。

フランスも公立学校の教員は公務員だ。だからこそ、自分の権利を要求する交渉をストライキというツールを使ってするわけだが、日本ではそういった運動をしないようシステムが設定されているのだ。

ＩＬＯ（国際労働機関）は日本に対して、公務員の労働の基本権を認めるよう何度も要求している。特に教育現場でのストライキの権利など、自分の権利を要求する方法、守る方法が必要だと忠告している。にもかかわらず、日本政府は改善しない。

フランスでは政府が学校制度改革を打ち出すと、必ず反対する人が出てきて、労働組合がデモをしてその案を変えたり止めたりする。わたしも１９８６年、高校生のとき、ドバケ教育大臣が提案した大学入学制度改革があり、先生たちと一緒にデモに参加したら、政府はその改革案を取り下げた。

もしストライキの権利が認められても、日本ではあまり行使されないだろう。今の日本でストライキを見ることはほとんどないが、シンボルとしてストライキは必要だ。明らかに先生たちは差別的な扱いを受けている。社会的な地位を向上させ、自分たちの本来持っている権利を行使するために、ストライキは必要な手段なのだ。

また、フランスでは学校で事件や事故があった場合、労働組合の代表者がニュース番組に出て解説をすることがある。たとえば、先生が学校で殺される事件があった際、現場の先生が多数、ラジオ番組に出演している。それを受けて彼らがバッシングをされることはない。これはフランスと日本の社会の違いを示す1つの例だ。フランスでは労働組合が強く、その役割を果たしている。

ちなみにストライキをするのは労働組合の人ばかりではない。教員たちは労働組合とは関係ないストライキに参加することもある。そしてストライキをおこなう場合は事前の通告が必要だ。

2022年1月には、全国の教員の3割以上が参加して、一斉ストライキに踏みきった。フランス全土のコロナ感染者が30万人を超えるなか、学校で対面授業を続ける方針を示す政府に対し、「通常授業が難しい」として有効な対策を講じるよう訴えた。

1票の力、1人の声の強さを信じる

日本では「仕方ない」とか「こんなもんだ」と思う人が多く、その制度に合わなければ自分が辞めることを選ぶ。システムを変えるよりも自分が辞める。システムを変えようとして動く人は少ないのだ。それはつまり、自分の強みを信用していないことでもある。自分の影響力を信じていないといってもいい。

それは投票にも表れている。自分1票にはなんの力もないと考える日本人は多い。逆にフランス人は、自分の1票は力があると信じている。これには小さい頃からの教育も関係している。わたしがよく言われてきたのは「フランスは革命をした国」ということ。たった1票でも、その1票の強みを多くの人が信じていれば、全体の力で状況を変えられるというのがフランス人の考え方だ。

第6章

コロナ到来
―― 学校は
どう対応したか

休校スタート
——災害大国日本でどこまで準備ができたか

2020年初頭、新型コロナウイルス感染症（以下コロナ）がやって来た。それに伴って、全世界でもかなり早い段階で日本は休校措置をとった。2020年2月27日、政府は全国一斉休校を要請。小学校、中学校、高校で3月から順次、休校を開始し、その期間は最長で3か月に及んだ。

急に休校が決まったわけだが、日本政府が「その間、どう教育をするか」について、どのくらい想定していたのだろうか。

図を見ると、2020年5月から6月にかけてオンライン授業がおこなわれたのは全国で45・1％と半数に満たなかった。東京都が69・2％と最も多く、地域差が顕著となった。学習が長期間ストップしてしまった学校も少なくない。日本は災害大国だ。通学できなく

小・中学生の遠隔・オンライン教育の受講状況

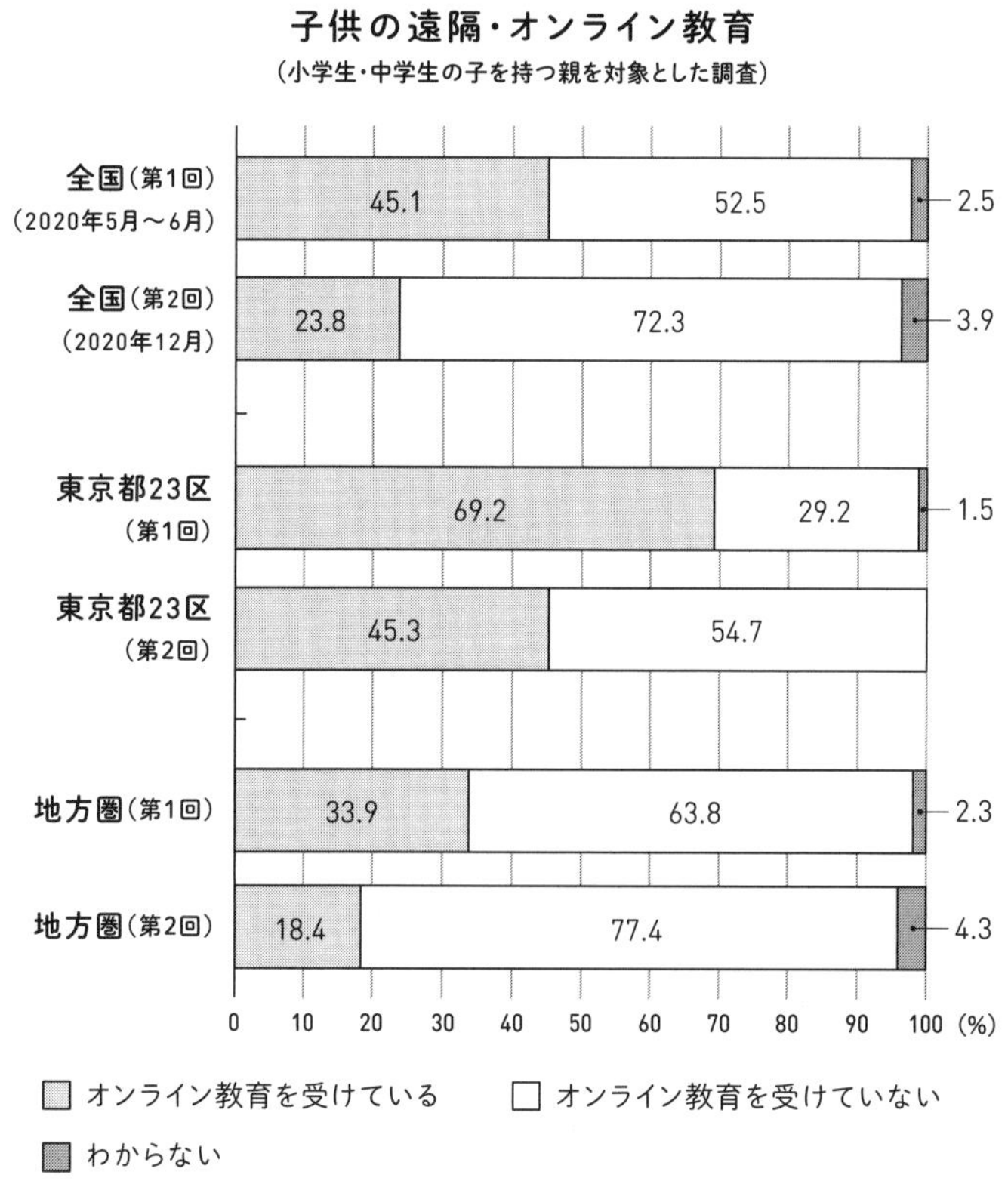

内閣府(2020)「第2回新型コロナウイルス感染症の影響下における生活意識・行動の変化に関する調査」より

地域別の2020年3月と4月のテレワーク実施率

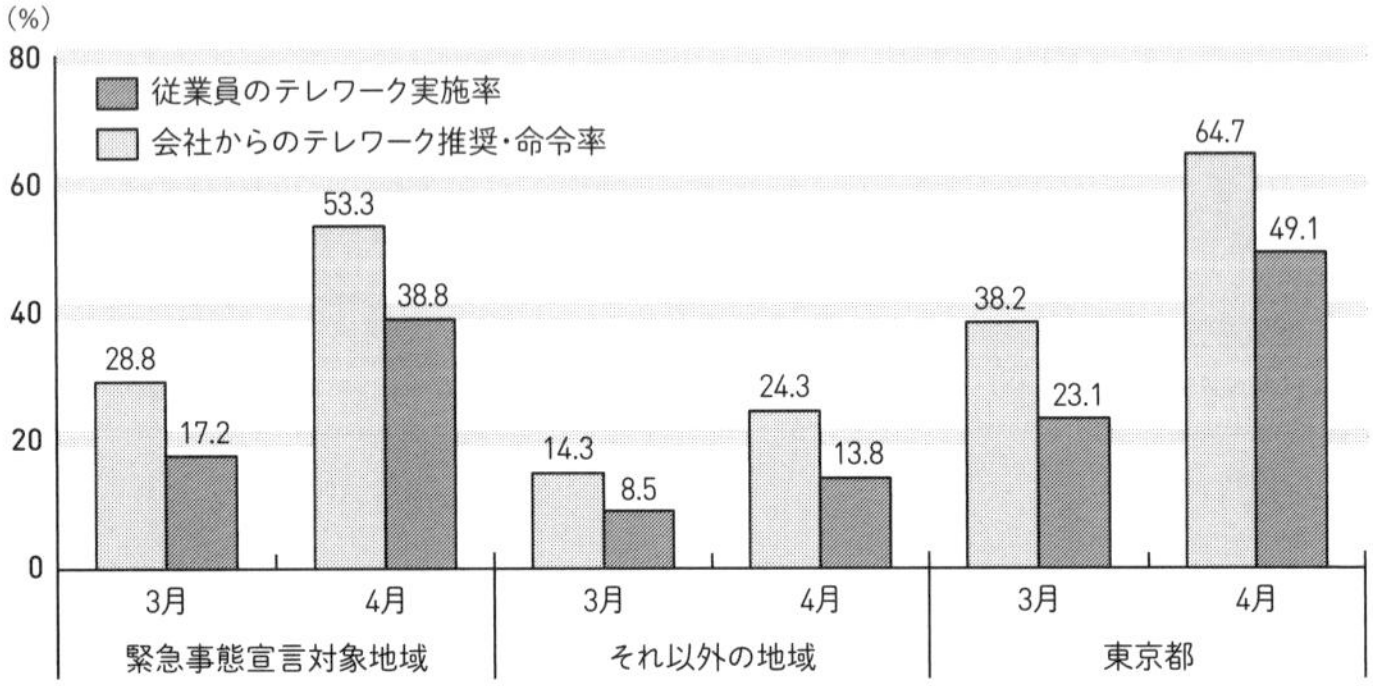

パーソル総合研究所(2020)より

なることを日頃から想定しておく必要がある。そして休校はどれぐらい効果があったのか、非常に難しい話だ。その効果や影響については252ページに記載する。

企業でも同じだ。社員が出社できなくなった場合、どうやって事業を継続できるか想定しておかなければならない。業種によってリモートワークに適する企業、そうでない企業があるが、2020年3月の時点で、緊急事態宣言が出された地域でリモートワークを実施した会社が17・2%、4月の時点で38・8%と、コロナ以前から想定していたとは言いがたい。

フランスでは2020年3月17日に外出禁止令が出て学校が閉鎖すると、遠隔で教育が継続された。タブレットが配布されている学校、配布されていない学校があり、また授業の進め方も各先生に委ねられたが、四苦八苦しながらこの時期を乗り越えた。オンライン授業の経験のある先生が小中学校に一定数いたことも奏功した。

オンライン授業は通常の授業とはまったく違うため、先生たちは特別なトレーニングを受ける必要がある。普段の授業では教室で子どもたちの間を歩き、ノートの手元を見て指導できるが、オンラインではできない。オンラインならではの授業方法があるのだ。

またフランスでは、CNED（国立遠隔教育センター）の義務教育プログラムのデジタル教材がすぐに使える状態で整っていたこともあり、先生たちはいくつかのオンラインツールを使うことができた。CNEDなどは本来、有料で申し込んで受講するものだが、コロナ対応による学校閉鎖を受けて無料で開放された。

こうしてフランスでは、全国一律でオンライン授業が進んでいった。ある程度、スムーズに移行できたのは、各先生に裁量があるからでもある。

スピードを重視するフランス、安定感を重視する日本

日本では2019年12月に「GIGA《ギガ》スクール構想」が発表された。これは1人1台の情報端末を全国の小学校と中学校に配備し、学校において新しい学びの形を実現するための構想だ。政府はこのように説明している。

「新学習指導要領においては、情報活用能力が、言語能力、問題発見・解決能力等と同様に『学習の基盤となる資質・能力』と位置付けられ、各学校において、コンピュータや情報通信ネットワークなどの情報手段を活用するために必要な環境を整え、これらを適切に活用した学習活動の充実を図ることが明記されるとともに、小学校においては、プログラミング教育が必修化されるなど、今後の学習活動において、積極的にICTを活用することが想定されています」

OECD（経済協力開発機構）が2022年度に実施したPISA（学習達成度調査）では、参加国の生徒にICT活用についても調査している。

この結果では、日本の学校外でのインターネットの利用時間は、SNSやデジタルゲームを1日3時間以上利用する生徒の割合はOECD平均以下だった。またコンピュータを使って授業をしたり探求型学習をしたりする頻度がOECD諸国と比較すると低いという結果が示された。

そんなタイミングで一斉休校となり、PCやタブレットの配布のみならず、オンライン授業の方針が定まらないことで、一般に公立学校でオンライン授業の開始が遅くなったのではないだろうか。先生はいつもルールに従う環境で働くべきとされているので、突然のことで準備ができていないオンライン環境で教えるのは難しかったのだろう。

また、すべての子に平等にオンライン授業をするためには、PCやタブレットの配布とセットだと考えたのかもしれない。

一方フランスでは、親がPCかタブレットを持っているだろうという前提で、休校とほぼ同時にスタートした。そのため、家に1台しかないPCやタブレットを親やきょうだいが使っている子、Wi-Fi環境が整わない子もいた。結果として、同じ学校の中でもオンライン授業を受けられた子、受けられなかった子が生まれてしまった。

フランス政府は「オンライン授業ができました」と発表したが、実際にうまくいったかといえば、そうでもない。日本では確かに開始は遅れたが、少なくとも同じ学校の中では、全員同じ設備と環境の中で実施できたといえる。

長男の小学校でもタブレットが配られた。新幹線に乗ったとき、彼はそのタブレットを使って家庭学習サイトの問題を解いていた。「ここはWi-Fiもないのに、なぜできるんですか?」とわたしが聞くと、「Wi-Fiはいらないよ」と答えたので驚いた。学校から配られた解説書には、携帯電話と同じようにどこでも電波がつながるセルラーモデルだとある。

そのタブレットは家のタブレットの3倍ほどの重量があり、子どもが持ち運ぶのにラクではないが、丈夫で壊れにくいタイプだ。オンライン授業開始まで多少時間はかかったものの、後々のメンテナンスまで考慮して設備を用意してくれたのだと感じた。

長期目線という点で、フランスは中途半端だったと言っていい。実際に始めてから出てきた問題を修正していくスタイルだ。ともかく早く始めることを優先する。

アメリカ人はおそらくフランス人と同じやり方をするだろう。だからこそグーグルやマイクロソフトは成功したのだ。ユーザーが利用して問題を発見する。

日本人はその逆で、まず自分たちで何度も何度もテストして問題を発見し修正する。もしも世界に競争がなければ、日本のやり方が正しいと思う。でもこの競争社会では日本のやり方では遅いのだ。結果的に正しいことをしていても、残念ながら「負け組」になってしまう。

いつまた何らかの事情でパンデミックが起きるかもしれない。各家庭でどのようにオンライン授業を受けてきたかを分析しておく必要がある。

もし家でオンライン授業が受けられない環境だったら、地域ごとにオンライン授業専用の場を作ってもいいだろう。

日本にはなんといってもコンビニエンスストアのネットワークがある。各コンビニの一角を小さなブースに区切って、時間単位でそこを提供してもいいだろう。コンビニは優れたライフラインだ。こうした場を社会のために使う。それは非常時に突然できるわけでなく、日頃から準備すべきなのだ。

コロナで浮かび上がった日仏の問題
——子どもと親の「心の病」

日本で初めて緊急事態宣言が出された2020年4月からコロナの感染症法の位置づけが「5類」になった2023年5月までの間で、感染状況がよくなった時期、悪くなった時期がある。そのときどきで休校になったり、学校を再開したり、オンライン授業にしたり、分散登校にしたり。こうしたなか、「休校」という判断がどこまで正しかったか、子どもへの影響はどうだったか、検証してみる必要がある。

そもそも、休校によってコロナ感染拡大の抑止効果はあったのか。福元健太郎《ふくもとけんたろう》・学習院大学法学部教授が公式なデータ（文科省が各市区町村から収集した「休校のデータ」と、各都道府県が発表する日ごとの「新型コロナウイルスの新規感染者数データ」）を用いて、「休校にした自治体」と「開校にした自治体」の新規感染者数を比べたところ、「休校による感染抑止効果は認められない」という残念な結果を得た。

一方、休校による子どもたちへの影響はあらゆるところに及んだ。学習不足や運動不足になるだけでなく、親が休職を余儀なくされた家庭では、経済状況も悪化した。物価の高騰もあいまって困窮家庭はますます困窮した。

さらに残酷な事実として、子どもの自殺が増えた。2020年度に全国の小学校、中学校、高校から報告があった児童生徒の自殺は415人。厚生労働省（当時は厚生省）が調査を開始した1974年以降で最多だという。前年2019年度の317人と比べて31％も増加した。

コロナの影響で精神的に不安定になった子どもが多かったことは間違いない。それが自殺につながったかどうか、そしてそのメカニズムを検証する必要がある。

子どもの自殺だけでなく、大人の自殺も増えた。特に、最初の3か月の休校の直後に顕著に表れた。2020年7月の女性の自殺者は前年の563人から645人に増加。8月は前年の464人から650人に増加し、前年の40％以上も増えている。

世代で見ると、子育て中の20代、30代、40代が多い。女性の失業率が増え、非正規労働者も増え、貧困状態になったことが自殺者が増えた原因の1つだ。同時に、休校期間中の虐待相談も増えており、家にこもらざるを得なかった家庭の環境に問題が生じたことが考えられる。

早稲田大学の公共経済の専門家・上田路子《うえだみちこ》氏（当時）によると、これは大震災と似ている状況だという。震災直後には自殺者はあまり増えない。危機的な状況のなかで無理をして踏んばっている。それが一段落したとき、自分のキャパシティーを超えていたことに気づき、精神的な病を患って自殺に至ってしまうのだ。

また不登校になる小中学生も増えた。２０２１年度の小中学生の不登校は24万４９４０人で過去最多に。２０２０年度と比べても25％の増加となった（厚労省）。

わたし個人としても休校のデメリットは感じていた。低学年の子どもにとって家でのオンライン授業は難しい。子どもは親の言うことを聞かないものだ。「朝８時から午後１時まで勉強しましょう」と言っても、子どもは勉強しない。そんなとき、目の前にテレビがありゲームがあったら飛びついてしまう。

しかも昼食の準備もある。大人なら簡単なごはんで済ませることもできるが、子どもには給食のような〝ちゃんとしたもの〟を作らなければいけない。リモートワークをしながら子どもを見守り、食事を作るのは難易度が高い。

デジタル化すれば、誰でも家で授業を受けられるようになる、という単純な話ではないのだ。政府は経済優先でＧｏＴｏトラベル、ＧｏＴｏイートを打ち出していたが、ＧｏＴｏスクールのために何をするか、もっと知恵を絞るべきだったとわたしは思う。

学校の先生はとてもがんばっていた。いろいろな設備を用意して、子どもが登校すると体温を測り、手の消毒をする。マスクを着用させ、アクリル板を立てて「黙食」をうながす。それを支えるために国は何をしてきたか。しっかり検証すれば、同じような危機が起きたとき、過去の経験を生かすことができる。

フランスの問題――休校明けに登校しない子

では、コロナはフランスの学校や子どもたちにどう影響を与えたか。

２０２０年3月17日から5月11日にかけての外出制限では、別荘を持っている人たちはすぐさまそちらへ移動する一方で、貧しい人たちは身動きがとれなかった。狭い部屋で5人、６人、場合によっては10人以上が身を寄せ合うようにしてやり過ごすしかなかった。

家族関係が悪化し、ＤＶや虐待につながったケースもある。

コロナに関するフランス政府の支援は、最低賃金で働く人の賃金を最大１００％補助するなど比較的手厚いが、行き届かないところもある。休校中、学校側が連絡をとれなくなった子どもは少なくないのだ。彼らは休校期間を終えても学校に戻ってこなかった。

教育大臣が発表したデータによると、全体の４％の子が学校に戻らず、学校教員の労働組合のデータによると、その数はさらに多いとされる。そして、その中に、文字の読み書きに困難がある学習障害の子どもたちも多く含まれていた。

フランスの場合は小学校を卒業しても、10人に１人以上、字が読めない状態だ。日本では、読字率は99％だ。同じ学年であれば、ほぼ同じレベルで学習が進んでいる。個人の差はあるものの、１年生が終わったら学んだ漢字はだいたい書けるし、計算もだいたいできる。

ただし日本は、障害の有無にかかわらず等しく共に学ぶインクルーシブ教育とは逆行しており、発達や障害の度合いによって支援学級を勧められる。これについて、２０２２年9月には国連・障害者権利委員会から指摘されている。

日本でもフランスでも、間違いなくコロナの休校が学習の遅れに追い打ちをかけた。最も補習を必要とする子がまったく勉強をしない状況に置かれた。

家庭環境に問題があり、子どものケアができないケースも多かった。小さい子どもがたくさんいる家庭で、休校中に親が子どもの宿題を見ることは難しいだろう。

また休校中、ごはんを十分に食べられない子もいた。フランスの給食はおいしいとは言えないが、それでも学校に行けば昼食はとれる。その給食がなければ何もないのだ。家にお金がないため、ジャンクフードで腹を満たすしかない。健康にも悪影響があるだろう。

こうした格差も際立つことになった。

コロナ後、何が変わったか？

コロナ禍が始まったとき、先進国でよく議論されていたのはポストコロナ、つまりコロナが収束した後の生活だ。日本でも、マスコミは「ポストコロナ」についての記事やテレビ番組があった。結局、最近わかったのは、フランス人もアメリカ人も日本人も、つまり人間にとってのポストコロナとは「新しい生活」ではなく、むしろ「以前の生活」を意味していたということだ。

2021年に開催された東京オリンピックの閉会式を覚えているだろうか。次回のオリンピック開催国としてフランス・パリの映像が映し出されたが、エッフェル塔周辺に集まった群衆でマスクを着用していた人は1人もいなかった。

当時、東京ではコロナ感染者が多く、万全の予防体制だったのに、なぜフランスではマスクもせずこんなに盛り上がっているのかと日本人は不思議に思っただろう。そう、フランス人はできるだけ前の生活に戻りたい気持ちが強かったのだ。

そして日本は今、コロナ以前と何が変わったか。「ポストコロナの生活はまったく違う生活になる」とテレビ番組でも盛んに言われていたが、大きく変わったのはこの2点だ、リモートワークとマスク着用である。

今、各企業がリモートワークに対する方針を決めつつある。原則はリモートワーク、出社は例外的なとき、と決めた企業もある。会社員の友人はリモートワークによって子育てとの両立が可能になり、喜んでいる。子どもが病気になったとき、「今日はリモートワークします」と気軽に言えるようになったのはメリットだ。

利便性を考えると、リモートワークは最高だ。経営者にとってはリモートワークで職場の家賃や光熱費、社員の交通費が抑えられ、利益にもつながるだろう。社員にとっては通勤時間はゼロになるし、当然、満員電車を避けられるし、都心から地方へ移住する可能性も広がる。

でも利便性だけでなく、社会や人間にフォーカスしたら、深刻なデメリットもある。

対面で人に会うこととオンライン会議はまったく別物だ。家にいることを推奨する社会全体が人びとの健康を悪化させる可能性があるのだ。子どもにとっても親が家で仕事することが当然になれば、外に出なくても何でもできると思うようになる。家で買い物も人と話すことも遊ぶこともでき、外に出る必要性を感じなくなる。

働き方もバランスをとることが肝心だ。リモートワークに向いている仕事と対面に向いている仕事がある。リモートワークが必要な時とそうでない時がある。こうした個別の状況を考えて判断すべきだ。

２０２３年3月末に文化庁は、東京から京都へ移転した。地方創生の目玉として２０１４年の構想から9年かけて実現。

日本を代表する文化都市ということで京都が選ばれたのだが、移転後、リモートワークが容易でないことに気づいたようだ。結果として新幹線で行ったり来たりすることになり、東京への出張費が毎年４３００万円と見込まれている。対面でなければできないことがじつは多いのだ。

リモートワークはたしかに効率的だ。誰しも効率的に仕事をしたいものだが、人間としての生活にどのくらい影響するかも考慮したい。

第7章

フランス人記者、日本の少子化に思うこと

なぜフランスの出生率はEUでトップなのか

ここからは日本とフランスの少子化対策について見ていきたい。教育を語るとき、その主人公である子どもが減っていく状況は無視できないからだ。日本に住む外国人だからこそ見えてくること、言うべきことがある。

厚生労働省が公表した人口動態統計によると、2022年の日本の合計特殊出生率は2005年と並んで1・26ポイントと過去最低となった。出生数は77万747人で（海外で生まれた日本人の子どもも含めれば。79万9728人）、統計を取り始めた1899年以降、初めて80万人を割った。

他方、フランスの出生率は2021年で1・83とコロナ禍で低下したポイントが上昇した。2022年にフランスで生まれた子は72万3000人、前年比1万9000人減。

合計特殊出生率の比較

年	日本	フランス
1950	3.65	2.9
1960	2.0	2.74
1970	2.13	2.48
1980	1.75	1.95
1990	1.54	1.78
2000	1.36	1.87
2010	1.39	2.02
2020	1.33	1.82
2022	1.26	1.80

内閣府「令和4年版 少子化社会対策白書」内「諸外国の合計特殊出生率の動き(欧米)」より
2020年のフランスの数値は暫定値(国立統計経済研究所INSEE)。

フランスでも世界的な傾向にあるように１９７０年代にかけて出生率が急激に低下していったが、70年代におこなわれた「女性活躍推進策」が結果的に少子化へ歯止めをかけていった。この女性活躍推進策とは、男女の財産権の平等や、産休の給与保障90％への引き上げ、保育手当の充実などにより、出産・育児で出産前のように働けなくなってもお金に困らない政策のことだ。

99年には同性婚カップルを含む事実婚も、法律婚と同様の社会保障を受けられる協約（ＰＡＣＳ）が施行されるなど、社会システムを整えていった。さらに２０２１年には、すべての女性（独身女性、同性カップルを含む）に対する生殖補助医療が認められるようになった

出生率で見てみると、85年以降は１・80からゆるやかな低下となり、93年には１・66まで落ち込んだが、２００７年には１・98まで回復した。その後はゆるやかな低下を続けながらも、現在、ＥＵ諸国ではトップの出生率だ。

一方で、日本はここ30年間、出生率１・５以下で推移し、少子化対策が一向に成果を上げられずにいる。なぜフランスは出生率低下を食い止めることができたのか。２０２３年現在、施行されている子育て支援政策には以下のようなものが挙げられる。

・所得と子どもの数に応じて支給される家族手当
・妊娠前の検診、出生前診断から出産、産後ケアに至るまでの全面無料化
・不妊治療の公費補助
・義務教育から公立の高校、大学まで授業料無料、返済不要の奨学金制度
・子育てのための時短勤務、在宅勤務など就労を自由に選べる制度
・3歳までの子を預ける保育ママ、学童保育の無料化
・3人以上の養育で年金10％加算
・法律婚と同様の社会保障を受けられるPACS

EU諸国ではトップの出生率とはいえど、フランスもやはり少子化傾向が続いている。若者は未来のことを考えて子どもを作るのに抵抗がある。インフレや一部の子どもの手当の変更もあり、経済的な不安もある。また地球温暖化による将来への不安もある。おそらく住めない場所も出てくるから、子どもを産んでも彼らが大人になったときに苦しい環境で暮らすのなら産みたくないという気持ちもある。

出生率の移民・非移民間の違い

	非移民	移民	全体
2009年	1.91	2.77	2.00
2014年	1.88	2.75	1.99
2017年	1.77	2.60	1.88

INED（フランス国立人口研究所）報告書より

一時的に成果が出た少子化対策でも、状況の変化があれば見直ししなければならず、強化していかないと成果は出なくなる一方だ。フランスでは2023年の出生数は速報値によると67万8000人で、前年より4万8000人減。これは第２次世界大戦後最低となった。

ちなみに、フランスで出生数が増えたのは移民が数を引き上げているという論調もある。たしかに移民の出生率は移民でないフランス人に比べて高いが、全体の出生率を0・09〜0・11ポイント押し上げているに過ぎない。

では、日本では移民を受け入れる必要があるのか。日本の問題はまず、出産可能年齢の女性の数が足りないことにある。外国から出産可能年齢の女性が来日することで政府が目標とする出生率1・8ポイントには届かなくても現在からプラスに改善できるのではないか。

少子化を本気で解決する意思があれば、移民の受け入れは1つの選択肢だ。ただ、それは日本人の国民の選択であるべき。外からの圧力で決めるのは間違いだ。海外で移民政策が失敗だったから日本も移民を受け入れない、といった単純な判断もよくない。ちゃんとした判断をするために、移民を受け入れないなら、どのような社会になるか、どんな問題が生まれるのか、どの政策をとっていくかをきちんと把握すべきだ。同時に移民を受け入れたら、どんな条件で入国を認めるか、どんな環境を整えるべきか、などなどを確認しなければいけない。

どちらの選択肢もメリットとデメリットがあり、リスクがあるため、国民全員が考える必要がある。

「異次元の少子化対策」に欠けている視点

2023年1月、岸田文雄首相は「異次元の少子化対策」を打ち出した。4月1日には「こども家庭庁」を発足。2023年を「子どもの年」として「2030年までに今の少子化の状況を変えるラストチャンス」と定め、ようやく本腰を入れた感がある。

しかし「異次元の少子化対策」の素案を見る限り、この少子化を改善するのはなかなか厳しいと言わざるをえない。というのも、これまでと同じく少子化問題をお金で解決しようとしているからだ。つまり、少子化の主な原因は経済的な問題にあるという分析に基づいている。お金さえあれば女性たちは子どもを産むのか——。わたしはこれに懐疑的だ。

政府は当初、これらを打ち出したが、果たしてどのくらい効果的なのか。

まず、経済的な支援について見ていくと、日本では基本的に年齢が小さい子ほど手当の

こども未来戦略方針

加速化プランの主な支援策

児童手当	育休・時短勤務
・高校卒業まで延長 ・所得制限を撤廃 ・多子世帯へ増額	・男女ともに育休時 手取り額維持 ・時短勤務への給付
2024年10月 開始	2025年度から 実施予定

出産費用・保育など	奨学金
・出産費用の保険適用 ・保育所利用要件の緩和 ・住宅ローンの金利優遇	・奨学金の対象者拡充、 年収上限引き上げ ・授業料後払い制度の導入
2024年度から3年間で 具体化予定	2024年度から3年間で 具体化予定

こども家庭庁「こども未来戦略」MAPより

額が手厚い。0歳児から2歳児が最も手厚くて月額1万5000円、3歳から小学生までの第1子と第2子は1万円、第3子以降は1万5000円、中学生は1万円だ。ところが、日本で最もお金がかかるのは0歳児でなく、就学以降だ。

出産を考えている人は長い目で子どもの教育費を考えている。そして支払うのは厳しいと判断したら、子どもを産まない選択をする人もいるだろう。

「異次元の少子化対策」の加速化プランとして挙げられている支援策は、出産費用の保険適用や男女ともに育休時の手取り額維持など、小さい子を中心とした少子化対策だ。ここには、政府の「子どもが生まれさえすればいい」という考え方が透けて見える。

生まれた瞬間から子育ては始まる。子どもを育てていくのは親だ。せめて児童手当は18歳で終わりにせず、子どもが独立するまで支援が必要なのではないか。

こうした児童手当はフランスがモデルになっていると言われるが、フランスの状況は少し違う。フランスでは、日本の児童手当に相当する給付として家族手当がある。これは、子どもが2人以上いる家庭に20歳まで支給され、親の所得や子どもの人数によって金額が決まる。また、ひとり親支援手当や新学期手当、保育ママに支払う補助手当などもあり、何種類かの手当を同時にもらうことも可能だ。たとえばあなたが平均的な収入かつ子ども

フランスの家族手当の支給額

（2020年1月）

子の人数	所得（年額）	基礎給付額	14歳以上の子どもへの加算
2人	69,309ユーロ以下	131.55ユーロ	+65.78ユーロ
	69,309ユーロ超 92,381ユーロ以下	65.78ユーロ	+32.89ユーロ
	92,381ユーロ超	32.89ユーロ	+16.45ユーロ
3人	75,084ユーロ以下	300.10ユーロ	+65.78ユーロ
	75,084ユーロ超 98,156ユーロ以下	150.05ユーロ	+32.89ユーロ
	98,156ユーロ超	75.03ユーロ	+16.45ユーロ
4人	80,859ユーロ以下	468.66ユーロ	+65.78ユーロ
	80,859ユーロ超 103,931ユーロ以下	234.33ユーロ	+32.89ユーロ
	103,931ユーロ超	117.16ユーロ	+16.45ユーロ

2019年度 厚労省「海外情勢報告」より

（当時1ユーロ=120円）

２人の家庭だとしたら、基礎給付額は月額65・78ユーロ（約７８９３円）。子どもが14歳以上になると、そこに月額32・89ユーロ（約３９４６円）が加算される。

そして、幼稚園から大学まで授業料無料（私立を除く）のフランスでは、教育費の負担が格段に少ない。よって、収入のわずかな人であっても子どもを産み、育てることができる。反面、自分の経済や家庭状況をあまり考えず、無責任に子どもを作ってしまう夫婦もいる。

日本では、幼稚園から高校まですべて公立だった場合の平均が５７４万円、すべて私立だった場合の平均が１８３８万円（文部科学省「令和３年度学校基本統計」（学校基本調査報告書））。そして教育費のピークは大学だ。４年間で卒業した場合、国公立大学は２３６万５２００円、私立大学は４６９万４６７円かかる（文部科学省「国立大学等の授業料その他の費用に関する省令」「私立大学等の令和３年度入学者に係る学生納付金等調査結果について」）。もちろん学費だけが教育費ではない。

よって、ある程度お金がある人は、先の児童手当が加算されれば出産も子育ての負担も減るが、十分な収入がない場合は現在の手当の範囲内で子どもを産み育てることは難しい。

とはいえ、フランスの家族手当を日本でそのまま採用しても同じ結果は出ないだろう。日本とフランスでは社会的背景が違うし、子どもを産む理由、産まない理由も違うからだ。

経済力のある夫婦に子どもがいない理由

子どもを産まない理由は経済的な問題だけじゃない。経済的な問題をクリアしても出産を躊躇《ちゅうちょ》するとしたら、考えられるのはまず「働き方」の問題だ。長時間労働をしていたら、子どものために使う時間はないと考える夫婦もいる。何より仕事が好きで、楽しい仕事の時間を減らしたくない人もいる。

日本でもフランスでも、女性たちは自分の人生や生活を自分で決めたいと思っているはずだ。独身時代は自由だ。時間の過ごし方、お金の使い方をすべて自分で決める。その自由に期限はなく、ずっと独身でいることも1つの選択肢だ。

50年前にはこうした選択肢はなかった。日本でもフランスでも結婚して子どもを産み、仕事をやめるのが一般的であり、ほとんどの人がその道を選んでいた。今はその道を必ずしも選ばなくていいとわたしたちは知っている。ならば、ある程度自由を確保しながら、子どもを産み育てるための政策が必要だ。

今、働く女性が子どもを持つと、自分の時間を2つに分けてしまいがちだ。仕事の時間と子どもの時間だ。仕事の時間が終わると、子どもの時間になり、その合計が24時間。その中に自分のために使う時間はどこにもない。

子どもを産みたい女性はたくさんいるはずだが、生活のバランスを見ると失うものがあまりに多いことに気づいてしまう。自由な時間だけでなく、自由なお金も。子どもを産むことのメリットがわからなくなってしまうのだ。

上の世代はそれもしかたないと割り切っていただろうが、今の世代はそうじゃない。ならば子どもを産まない、いつかは産むかもしれないけれどまだ先、という選択をとる。

たとえば保育園の制度を少し変えるだけで、子育てする親はぐんとラクになるのではないか。今は、親が仕事を終えると即、子どもを迎えに行くことが定められている。そこを変えて、たとえば週2回ほど仕事帰りに、2時間程度の自由時間があればおおいに助かる。美容院に行けるし、ちょっと買い物ができるし、友達とコーヒーを飲むこともできる。子育て中にも自分の時間を持つことの大切さにもっと目を向け、制度を変えていってほしい。

男性も女性ももっと「ラクな働き方」を

この「働き方」は女性だけの問題じゃない。男性にとっても大きな課題だ。

わたしは今の日本人の男性を不憫《ふびん》に感じてしまう。「男性はラク、女性は大変」という状況では決してなく、両方とも大変である。男性の役割は重く、家族のために稼がなければ、家事も育児もしなければ、といったふわっとした縛りがまだまだ存在している。仕事のない男性は社会から離れ、あらゆるチャンスを失っているように見える。

子どもがいる男性もいない男性も、まるで奴隷のような働き方をしている人は多い。そんな中、少子化対策として子どもがいる男性ばかりをフォローすれば、他の男性の負担が重くなり、社会を分断してしまう。結果的に社会全体が子育て支援する目的とは逆方向に進んでしまう。だからこそ、すべての男性にとって「ラクな働き方」を求めることが重要だ。

では、どのように働き方をラクにするのか。まず経営者の発想を変えなければいけない。

わたしは最近、ある会社の入社式で社長のスピーチを聞いてショックを受けた。新入社員を目の前にして社長はこう言ったのだ。「きみたちは少なくとも60年、努力をしなければいけない」。

60年といったら24歳の人が84歳になる。「80歳まで働ける」というポリシーは悪くないが、問題はそこじゃない。社長も70歳を過ぎている。若い頃はがむしゃらに働いてきたのだろう。「努力」という言葉が20回ほど飛び出した。

けれど、「60年、努力しなければいけない」という言い方には問題がある。いつまで働くか、あるいは働かないかは個人の自由だからだ。自分の人生なのだから。

こうした昔ながらの考え方をする経営者や政治家が日本にはまだまだ多い。「女性が外でバリバリ働き出したから子どもを産まなくなった」と考える政治家もいるが、これは間違っている。

日本では、男女が同じように働く正規社員であっても出産退職が多い。職場が子育てに適さない環境のため、出産前や出産後に働き続けられないのだ。

よって、男女共に「ラクな働き方」を実現することが急務だ。どんな仕事でも子育てしやすい環境があれば、女性は出産・子育てに前向きになるはずだ。

幸せに仕事をすると、子どもを産み育てたくなる

ここまで書くと、フランスは制度が整っているように見えるかもしれない。ただフランスの状況が良好かといったら、現実は過酷だ。特に若者は苦労している。

2022年にフランスの失業率は約7・3%。若者（25歳以下）の失業率が18・3%と高い。学歴が低ければ低いほど就職が難しくなる。大卒の若者の少ない一部の大都市の郊外では、若者の失業率は40%にまでのぼる。

そもそも新卒一括採用がなく、経験のない若者は就職できるまでに時間がかかる。たとえ大卒レベルであっても、すぐ就職できるわけではない。最初はインターンシップ、次は有期限雇用（同じ企業か異なる企業）となり、つまり安定した就業条件ではない。

2023に発行されたAPEC（管理職推進協会）のデータによると、大学卒業半年後に就職できた若者は75%、卒業1年後は88%。ただ、無期限雇用はその88%のうち7割程度。有期限雇用も無期限雇用も4人に1人はやりたい仕事ではなく、「食べるための仕事」だ。

自分が勉強した分野とは関係のない職に就いている。

決してよい状況とは言えないが、これでも数年前と比較したら大きく改善した。一時、若者の失業率は25％だったのだ。

日本で2022年、15〜24歳の男女の失業率は4・9％、また2022年3月に卒業した大学生の就職率は95・8％。

日本では新卒者の内定率が高いため、学生側が企業を選べる。ところが、わたしが日本の新卒の学生の取材をしたとき、「やりたい仕事」とは別の企業を選ぶ学生が多いことに驚いた。「収入が高いから」「安定しているから」「知名度が高いから」という理由で就職するのだ。

日本の学生は非常に恵まれているにもかかわらず、「安心・安定、安全」「収入の高さ」を優先する。

もしかしたら20年、30年、その会社に勤めることになるかもしれないのに、仕事内容がつまらなかったらどうするのだろう。

仕事はおもしろいほうが幸せだ。自分の仕事を自分で選べば、人生をポジティブに見ることができる。毎日が楽しいから、その楽しさを他人と共有したくなる。そういうときに出会いが生まれるのではないだろうか。

フランスと同じく高い出生率を維持するスウェーデンはそこに気づき、力を入れた。スウェーデンでは産後、ゆっくり育児に専念できるようにと、子どもが1歳くらいまで両親休暇や短時間勤務などを充実させてサポートしている。また、育児休暇制度は子どもが8歳になるまで取得することができ、出産休暇は出産前後で各7週間で父親も60日取得できるなど、休暇制度を整えた。

職場でも家庭でも人は幸せになると、子どもを産むようになる。子どもが増えるとさらに幸せになる、そんな好循環をつくった。

逆に、日本では悪循環をつくってしまった。職場が幸せでないから、誰とも会いたくなくなり、スマホだけを見て孤独に暮らすようになる。そんな自分を「ダメだ」と思い、さらに誰とも会わなくなる。出会いがなければ結婚もなく、結婚がなければ子どもも生まれない。そういうパターンが続いてしまっている。

もっと人生の楽しさを感じることができる環境をつくることが先決だ。その環境とは経済的な話だけではないのだ。

子どもを産むか産まないかは女性の選択であり、女性の体の問題である。こうした認識が日本では足りていないと感じている。

アフターピルという権利

アフターピルがようやく2011年に承認されたこともその1つ。フランスでは1999年に承認されたことを考えると、極めて遅い。いまだ医師の処方箋が必要で、ドラッグストアで手に入るヨーロッパとは隔たりがある。

いずれにせよ、承認にここまで時間がかかったのは、アフターピルを承認しなければ女性は子どもを産むという安易な考え方があるのだろう。また、経口中絶薬も同じで、ようやく2023年に承認された。「中絶しやすい＝生まれる子どもが減る」わけではないにもかかわらず、そう確信している人（男性）はいまだに多いのではないか。

人工妊娠中絶についても同じことが言える。未婚女性はパートナーの同意がなくても中絶ができるが、結婚している女性はパートナーの同意がない限り、中絶できない。

また、ヨーロッパと比べると日本では性に関する相談もしづらい。たとえば性に関するトラブルが生じたとき、ヨーロッパの国々では匿名かつ無料でサービスを受けることができる。誰でも無料でコンドームをもらうことができ、性交後、妊娠の不安があればアフターピルを無料・匿名でもらうこともできる。女性が自分の体のことを自分で決めるのは当然のこと。ただ、それは優しい国が女性のことを考えて女性のために提供したサービスではなく、女性が数十年にわたって闘って勝ちとった権利であることを忘れてはいけない。

日本はG7の国であり、第4の経済大国でもある。なぜこんなに遅れているのか。政治のせいであるのは間違いないが、女性たちも自ら動かなければならない。

一部のNPOに任せるだけでは足りない。医師会も動かなければいけないが、医師会のトップは男性ばかりだ。彼らは誰でも簡単にアフターピルを手に入れられたら自分たちの仕事や地位を失うと心配しているのかもしれない。日本の権力者はほとんどが男性で、女性のことをまったく知らない、いや、興味がないのだと感じる。だからこそ、女性たちは「システムがこうなっているから仕方ない」とあきらめず、自ら動いていく必要がある。

「幸せな子ども時代」のために

さて、改めて子どもに目を向けてみよう。子どもにとって幸せな環境とは、何だろうか。わたしの哲学にすぎないかもしれないけど、親の精神的な状況がよければ、子どもは安心して過ごせる。親と信頼関係をつくることができるし、何か問題があれば泣き寝入りせずに話をすることができる。こうした状況をつくるためにも、親自身の人生の楽しさを重視すべきだと思う。

今は逆だ。親は働いて経済力をつけることが最優先になっている。わたしはこの順序を逆にすべきだと思っている。まず、子どもがどんな環境で育っているか、苦しい思いをしていないか、そこに心を配る必要がある。

というのも、その子どもが大人になったとき、子ども時代を思い出すからだ。幸せな記憶があれば、できるだけいい環境を子どもに提供したいと思うようになるだろう。だから今、幸せでない子どもは、大人になったら子どもを産まなくなる。虐待を受けた子どもは、大人になって昔の記憶に苦しみ、子どもを産まない選択をとることもある。

子どもにとって幸せな環境とは、家庭だけでなく学校にも当てはまる。日本は義務教育の学習習熟度が高いことは先に挙げたが、ユニセフが実施した「子どもの幸福度調査（2020年）」のうち「子どもの生活満足度」は国際比較でかなり低いことがわかった。

世界38か国中、フランスが10位であるのに対し、日本は下から2番目の37位。義務教育を終えると多くの知識を得ることができるが、当の子どもたちが幸せでないとしたら——。

詰め込み教育による弊害を反省して2002年に始まった「ゆとり教育」は、10年も経たないうちに終わってしまった。276ページで登場した社長はこんな発言もしていた。「きみたちの世代はゆとり教育だからダメなんですよ」。日本は幸せな環境で楽しく勉強したらダメという考え方が根強くあるようだ。古い世代は苦労しながら勉強するものだと信じている。忍耐力を鍛えてこそ、長時間労働にも耐えられると。

明らかに一部の世代に残っている考え方だが、今の世界にはまったく合わない。

一方、フランスでは学校に自由がありすぎて、学習に集中せず基礎学力が身につかない子も多いことはすでに述べたとおり。フランスの学校は、そこの解決に注力すべきだし、日本の学校はもっと自由と余裕のある「幸せな環境づくり」に注力すべきだ。

おわりに

次男が通っていた保育園での面談で、わたしは保育士の先生に、「おかげさまでウチの子はあんなこともこんなこともできるようになりました。こんなすばらしい環境で過ごすことができて本当にありがたいです。先生のおかげです」とお礼を言った。すると先生は「そんなふうに言われたら涙が出ます」といたく感激していた。

なぜ保護者たちはもっと先生たちに感謝の気持ちを伝えないのだろう。誰も伝えなかったら、日々がんばっている先生たちは報われない。

だからわたしは本気で伝える。

これは至極あたりまえのこと。日本人の間には、特に口に出さなくてもいいという空気があるが、感謝を伝えたら相手はうれしいに決まっている。

わたしは言いたいことは言う。文句も言うしほめ言葉も言うけれど、やはりほめ言葉のほうが多い。特に保育園や学校に対して多少気になることがあっても、よく観察するとほめることが圧倒的に多い。ほめるべきところで黙っていたら、人間関係は発展しない。

わたしはフランス語を日本語に直訳して「好きです」などと言ってしまうので、ちょっと不自然に映るかもしれないけれど、本気であることは伝わっているはず。心からの言葉は相手に届くと信じている。それは信頼関係をつくるための重要なポイントだ。

日本人は「伝える教育」を受けてきていないため、自分が感じていることをストレートに言うのは難しいかもしれない。だったら別の方法もある。書くことだ。

保育園や幼稚園や学校の連絡帳を活用し、ときどきあたたかい言葉を伝えてみてはどうだろう。わたしは保育園の連絡帳に「先生のおかげで息子は字を書けるようになりました。ありがとうございます」と毎日のように書いていた。こういう感謝の言葉によって、先生も仕事へのモチベーションが高まるはずだ。

小学校入学前の学校説明会の翌日のこと、道を歩いていると副校長先生にバッタリ会った。50代くらいの男の先生だ。

「昨日は、丁寧でわかりやすい説明をありがとうございます」

とわたしが伝えたら、先生はひどく驚いていた。初対面でほめられることなんて、ほとんどないのかもしれない。しかも外国人にほめられるなんて。たいていは呼び止められたら苦情を言われるのがオチだから。

それだけではない。数日後、学童保育の迎えに行くと、再び副校長先生に会ったのだ。

「前回の説明会は本当にありがとうございました」

と声をかけたら、「あっ、また言われた」という表情でうれしそうに笑った。

これは家でも同じこと。日本では子どもをほめない親もいる。わが子を「バカな長男」とか「愚息」などと呼ぶのはフランスでは考えられない。

フランス人の親は「この子はすばらしい」と子ども本人にも周囲にも声高に言う。あまり出来がよくないと内心思っていたとしても、それを口に出すことはないし、それどころか「ウチの子は最高」と自慢する。そのほうがみんな幸せでしょう？

本書を作成するにあたり、大和書房の藤沢陽子さん、ライターの門馬聖子さんに大変お世話になりました。ありがとうございました。

西村カリン

出典一覧

『哲学する子どもたち　バカロレアの国 フランスの教育事情』中島さおり著（河出書房新社）

『先生がいなくなる』内田良、小室淑恵、田川拓麿、西村祐二著（PHP新書）

『フィンランドの教育はなぜ世界一なのか』岩竹美加子著（新潮新書）

『移民の子どもたちが学校で　初等教育から高等教育までの教育格差』Mathieu Ichou著

フランス「公民道徳教育」教科書

日本「道徳科」教科書

ニューズウィーク日本版　https://www.newsweekjapan.jp/

朝日新聞デジタル　https://www.asahi.com/news/

OECD「Education at a Glance」　https://www.oecd.org/education/education-at-a-glance/

日本ユニセフ協会「子どもの幸福度調査」　https://www.unicef.or.jp/news/2020/0196.html

ユネスコ「教育とデジタルについての報告」　https://www.unesco.org/en/digital-education

フランス国民教育省　https://www.education.gouv.fr/

フランス内務省　https://www.interieur.gouv.fr/

フランス共和国憲法　https://www.legifrance.gouv.fr/loda/id/LEGITEXT000006071194

Snes-FSU（主要教職員組合）　https://www.snes.edu/

Bulletin Officiel（教育省官報）　https://www.journal-officiel.gouv.fr/

プランニング・ファミリアル　https://www.planning-familial.org/fr

VAE（学位認定システム）　https://vae.gouv.fr/

国民教育青年部　https://www.education.gouv.fr/

INSEE（国立統計経済研究所）　https://www.insee.fr/

INED（フランス国立人口研究所）　https://www.ined.fr/

APEC（管理職推進協会）　https://www.apec.fr/

文部科学省・国立教育政策研究所　https://www.nier.go.jp/

文部科学省「諸外国の教育統計」　https://www.mext.go.jp/b_menu/toukei/data/syogaikoku/index.htm

文部科学省・学校教員統計調査

https://www.mext.go.jp/b_menu/toukei/chousa01/kyouin/1268573.htm

文部科学省・学校基本調査　https://www.mext.go.jp/b_menu/toukei/chousa01/kihon/1267995.htm

文科省「新型コロナウイルスに関連した感染症対策に関する対応について」

https://www.mext.go.jp/a_menu/coronavirus/index.html

文部科学省・学習指導要領「生きる力」　https://www.mext.go.jp/a_menu/shotou/new-cs/index.htm

総務省統計局　https://www.stat.go.jp/index.html

厚生労働省・統計情報・白書　https://www.mhlw.go.jp/toukei_hakusho/index.html

内閣府・新型コロナウイルス感染症関連　https://www.cao.go.jp/others/kichou/covid-19.html

こども家庭庁　https://www.cfa.go.jp/top/

パーソル総合研究所　https://rc.persol-group.co.jp/

西村カリン　にしむら・かりん

1970年生まれ。パリ第8大学を経た後、ラジオ局やテレビ局にて勤務し、1997年に来日。1999年からフリージャーナリストとして活動。2004年より2020年までＡＦＰ通信東京特派員。2008年「Les Japonais 日本人」出版。2009年、同著書が渋沢・クローデル賞受賞。2023年「Japon, la face cachée de la perfection（日本、完璧さの隠れた裏側）」、2024年には初の小説「L'affaire Midori（みどり事件）」を出版。国家功労勲章シュヴァリエを受章。

現在、フランスの公共ラジオグループ「ラジオ・フランス」および日刊リベラシオン紙の特派員。日本での著書に『フランス人ママ記者、東京で子育てする』、『不便でも気にしないフランス人、便利なのに不安な日本人』（ともに大和書房）、『フランス語っぽい日々』（白水社）などがある。

編集協力：門馬聖子

フランス人記者《じんきしゃ》、日本《にほん》の学校《がっこう》に驚《おどろ》く

2024年6月1日　第一刷発行

著　者　西村カリン
発行者　佐藤靖
発行所　大和《だいわ》書房
東京都文京区関口1-33-4
電話　03(3203)4511
デザイン　寄藤文平・垣内晴（文平銀座）
カバーイラスト　じゃんぽ～る西
本文イラスト　モドロカ
図版　松好那名
編集　藤沢陽子（大和書房）
DTP　マーリンクレイン
本文印刷　厚徳社
カバー印刷　歩プロセス
製　本　小泉製本

ISBN 978-4-479-39413-6　乱丁本、落丁本はお取り替えいたします。
http://www.daiwashobo.co.jp